〈中学入試〉国語の読解は「答え探しの技《ワザ》」で勝つ！

国語を味方の教科にして
受験を制覇しよう！

早瀬 律子
Ritsuko Hayase

文芸社

はじめに

中学入試において合格を決定するのは、４教科の合計点です。もちろん、ご自分のお子さまが、「うちの子は４教科すべて得意科目です！」と胸を張って言い切れる状況であれば、ほぼ間違いなく合格を勝ち取ることができます。しかし、たいていのお子さまは「得意科目もあれば不得意科目もある」というのが実情ではないでしょうか。

もし、今、ご自分のお子さまのテスト結果を見て「国語が苦手であり、常に足を引っ張る科目となっている」という現状を目の当たりにし、それを打破したいとお考えであれば、その方法があります。

つまり、**国語を「足を引っ張っている科目」から逆に「４教科の合計点を引き上げる、味方の教科にする」方法です。**

本書では、いかに国語の試験で「点を稼ぐか」というテクニックを解説していきたいと思います。

どんなに今現在、「ひどい点数」しか取れていないお子さまにでも使える方法、そして、「国語は苦手というほどではないけれど、毎回の試験の点数にバラつきがあり、いい時もあれば悪い時もある」というお子さまに、常に安定した高得点を維持できる方法をご紹介したいと思います。

本書は、**「説明文」「論説文」「物語文」「随筆文」**の各ジャンルに分類し、それぞれの**「長文読解方法」を詳しく解説**しました。そして、中学入試の読解問題における**「設問の形式」を分析**した上で、**各形式別に**解法を示しました。

一般論として、よく「読書を嫌う子どもは国語の試験が苦手であり、読書量や活字の好き嫌いが国語の点数に比例する」というようなことがいわれています。また、作文や日記など、とにかく「書くという作業が大好きな子どもは国語の読解問題に対応する際有利である」ともいわれています。もちろん、「読書や文章を書く」行為が好きで、「常に活字に慣れ親しんでいるかどうか」ということ自体は大切です。「国語力」を強化するには欠かせないものであることは否定できません。

しかし、中学入試における国語の試験に関していえば、「活字に対する苦手意識」も、学習方法を変えることによって**打ち破ることが可能**です。なぜなら、活字が苦手なお子さまでも、設問に対する答えを導き出す手立てがわかれば点数を稼ぐことが必ずできるようになるからです。

国語は必ず「味方の教科」になります。

本書をお読みいただければおわかりになりますが、なぜなら国語は、「問題文の中に設問の答えやヒントが全部載っているから」です。塾に通っているお子さまの中には、このことを国語の講師の方々から聞いたおぼえがある方も多いのではないでしょうか。

つまり、国語の読解において点数を稼ぐことは、「問題文の中の**答えやヒントを探す技術**」が重要な鍵を握っています。

もちろん、それは**文章を正確に読む力を養って初めて活きるテクニック**であり、ただ闇雲《やみくも》に「答え探し」をしても正解が得られるものではありません。

そこで本書では、各ジャンル別に文章の「読み方」を示してから、読解方法を記してあります。算数は、ある一定の公式や規則などを覚えて自分で思考して答えを出していかなければなりませんし、理科や社会は、暗記しなければならないことが山ほどあります。ところが国語の読解に関していえば、「問題文の中にすべての答えやヒントが載っている」のですから、「**正しく読み**、設問に対する答えを問題文から**見つけ**

出すこと」ができれば正解が導けます。

確かに国語においても慣用句やことわざ、文法など、覚えなければならないことがらはあります。しかし、中学の入試問題の場合、学校により多少の違いはありますが、そのような**知識問題の出題の割合は、過去のデータを分析すると、10%からせいぜい多くて40%です。**もちろん、読解問題を解く上でも語彙《ごい》力はあればあるだけ有利になりますから基本的な知識は身につける必要がありますし、「知識」と「読解力」のどちらかがより大事、という優劣はありません。

ところが、たとえどんなに多数の語彙《ごい》を習得していたとしても、入試当日の国語の問題文の中に意味のわからない言葉が出てきてしまう可能性だってあります。中学入試における国語の読解の文章は、理解するにも難易度が高く、小学生には馴染みのない語彙《ごい》が遠慮なく文中に登場してくるのです。それでも試験当日は臆《おく》することなく正解を導き出さなければなりません。

しかし、もし、入試当日、文中にわからない言葉がちょくちょく登場してしまったとしてもそこで怯《ひる》まず、落ち着いて文章の情報処理を行っていく一定のテクニックを定着することができれば、あとの**「60%以上もの比率で君臨する読解問題」**を正確に

解くことができるようになります。

子どもは、正解がきちんと自分の手で書けるようになってくると自然に国語に対して「面白くなってきた！」という好感を持つようになり、次第に「得意！」という自信がついてきます。

その達成感と楽しさを体感できるようになってくることこそ大切です。

そういったプロセスを経て、国語が高得点を稼ぐことができる「味方の教科」になる時、教える側としてはこの上ない喜びを感じます。

本書は、私が塾講師、家庭教師、そして中学受験を子どもと一緒に乗り越えてきた母親としての経験を通して培った国語の学習方法をお伝えしています。本書にてご紹介した方法で、多くのお子さまが国語に対する好感度を高め、**「国語が得意科目」**になり、なおかつ**「国語が入試においての味方の教科」**になっていただければ幸せに思います。

2008年4月

早瀬　律子

〈中学入試〉国語の読解は「答え探しの技《ワザ》」で勝つ！

国語を味方の教科にして
受験を制覇しよう！

＊

もくじ

長文読解の学習手順

本書では、読解問題を机の上に広げてから**「問題文を読む」→「設問を読む」→「解答」→「答え合わせ」→「ミスをした設問の復習」**までの手順と方法をすべて示します。

本項に示してある1から6までが読解問題に取り組む際の手順です。

これから読解問題を学習する時には、**毎回本項に示してある方法と手順で**行ってください。

それぞれの手順については、『「ジャンル別問題文の読み方」テクニック』『「設問文の読み方」テクニック』『「設問の解き方」テクニック』で、さらに詳しく解説してありますので、そちらも必ず理解してから学習を開始してください。

試験当日は、時間内にすべての問題を解くことが要求されます。

しかし、読解のスピードを上げることは最終段階の目標として、ひとまず脇に置いておいてください。

最初は、時間にこだわらずゆっくりと丁寧に学習を進めていくようにします。

文章の正確な読み取りができてくると、学習の反復の成果が現れ、最終的には時間制限内にすべての問題が解けるようになります。毎日繰り返し学習を行っているうちにスピードは自然についてきますので、無理をせず、最初はじっくりと取り組んでください。

焦らず腰をすえ、落ち着いて毎日根気よく学習してください。

まずは、机に今日学習する国語の読解問題を置いてください。

これは、今お子さまが通っていらっしゃる塾のテキストやプリント等の教材でも、親御さんが選んで購入した問題集でも、もちろん、お子さまの志望校の過去問でも結構です。

そして、本書の学習方法がきちんとした手順で実行できるようになるまで、読解問題の隣に本書を置き、解法のあやふやな記憶の部分をその都度見直しながら学習してください。

さあ、これから学習をスタートします。

《長文読解の学習手順》

1. 問題文を一読する。

一読する時に必ずしなければならないことは、次の2つです。

◎「どのあたりにどんなことが書かれているのか」を頭に入れていく。

つまり、

「各段落の要点」をつかんでいく（おおまかな内容でいい）。

◎「段落同士の関連」を読み取る。

問題文を読む時に大切なのは、読み終えたあと、文章のおおまかな内容が頭の中に正しく入っているかどうかです。つまり、頭の中で「どこにどんなことが書いてあったのか」を復元できることが大事です。

入試の時は、問題文を読めるのはたったの一度きりであり、試験中に何回も繰り返し読み直す時間はありません。

ですから、問題文の内容を理解するのは「最初の一読が勝負」ということになります。

しかし、限られた試験のわずかな時間で問題文の内容をしっかりと捉《とら》えていくというのは容易ではありません。

そこで、「速くかつ正確に文章を読む**コツ**」が必要になりますので、まずは「説明文」「論説文」「物語文」「随筆文」の『「ジャンル別問題文の読み方」テクニック』で**コツ**をつかみ、確実にマスターしてください。

「段落同士の関連を見抜く」というのは、前後の段落がどんな関係でつながっているのかをつかむことです。

各段落に「**どんなこと**が書かれているのか」を頭に入れながら、「**どんな関係**でつながっているのか」もつかんでしまうと設問に対応する際に役立ちます。

では、ここで「一読する際の重要ポイント」だけを先に述べておきます。以下は、「説明文」「論説文」「物語文」「随筆文」のすべての共通ポイントです。

★正しく読むことを意識してから読み始める

当たり前のようですが一番大切なことです。

決して思い込みで読んではいけません。中学入試の国語の問題文は、小学6年生の学校の教科書に載っている内容のレベルよりもはるかに上です。難しい文章ですからわき目もふらず集中して目を走らせることを常としてください。

★文章の「要点」「関連」をつかんだら必ず設問を解くまで記憶しておく

もちろん、頭に入れていくものは、おおまかな内容で大丈夫です。これをマスターできるようになると、あとで設問に対応する時に、**「答え探し」がグッとラク**になります。

最初は難しく感じるかもしれませんが、慣れてくると自然に目と頭が反応して文章の情報処理ができます。長文読解問題への対応は、この「正確な読み取り」こそが**「勝負の鍵」**です。

2. 設問文を読む。

心の中で音読し、重要な箇所に線を引く。

「何を答えるべきなのか」を頭に入れる。
← 設問の条件を正確に読む。

詳しくは、『「設問文の読み方」テクニック』（89ページ～）を読んでください。
そして、完璧に「設問を正しく読んで解答できるようになるまで」必ず毎回問題に取り組む前に目を通してください。

3. 設問を読んだら、もう一度問題文に戻る。

「どのあたりにその設問の答えの手がかりがあるのか」を探し出す。
そして、その「答えの手がかり」を材料にして解答していく。
『「設問の解き方」テクニック』（105ページ〜）を読んで設問の形式別に
その解法をしっかり理解してから取り組んでください。

4. 答え合わせをする。

答え合わせは、青ペンと赤ペンを使用しますのであらかじめご用意ください。
自分がミスをした部分を消さずに残しておき、余白に色分けして書き直します。
この方法を行うことで、

自分がどのような誤り方をしてしまったのかを見直し分析できます。

それが次に読解問題を解く際の大きなヒントになります。

5. ミスをした設問の復習をする。

国語の読解のテクニックを上げるコツは、正にこの復習にあります。

ここで肝心なのは、

「自分がなぜ正解とは違う答えを書いたのか」という分析です。

誤答の場合は「答えの手がかり」を正しく探せていないはずですので、「手がかり」の部分が問題文のどこにあったのかをしっかり確認しておいてください。


それでは、これから**問題文の「読み方」のコツ**を文章のジャンル別に解説していきます。

「読み取り方」は**それぞれの文章の種類によって異なります**ので、読解する文章の構造の特徴をしっかりつかんでから読み進めてください。この『**「ジャンル別問題文の読み方」テクニック**』は、読解に慣れるまで、机の上にこれから読解する問題を広げてから学習をスタートする前に、**毎回読むように**してください。

《例えば》解く予定の読解問題のジャンルが、「説明文」か「論説文」であった場合は、解く前に、あらかじめ「説明文」「論説文」の「読み方」に目を通し、きちんと頭の中で理解してから解き始めます。次の時に解く読解問題が「物語文」であった場合は、「物語文」の「読み方」を必ず理解してから解き始めます。

そして、読解問題の文章の**「要点」**や**「関連」**を捉《とら》える時には、必ずここに示している方法を活用して行ってください。

少なくとも中学入試3カ月前までは毎回「読み方」に目を通し、きちんとその内容を復習してから読解に取り組むようにしてください。

毎回繰り返し読むことで、次第に文章の読み取り方が頭の中に定着してきます。もしかすると、そのあたりから読解の前の「読み方」の復習を省略したくなってきてしまうかもしれません。ですが、そこはグッと我慢して必ず読んでください。それが後々大きな差になって現れます。

速読で結構ですので端折《はしょ》らないようにしてください。慣れてくれば速読ですと所要時間はせいぜい5分です。

6．読解問題を行ったらその日のうちに学習した問題文を3回読み直す。

例えば、その日「論説文」の読解問題を学習したら、その問題文を読み直しておきます。

これは、早く正確に長文を読む非常にいい訓練になります。

ポイントは、**学習したその日のうちに読み直す**ということです。

もし、時間的に余裕がなければ、その日の夜、眠る前にベッドの中で読んでもかまいませんが、決して後日にのばしてはいけません。

必ず3回読むようにしてください。

1回目→ゆっくりと心の中で音読をしながら問題文の内容（要点）を頭に入れていきます。
2回目→「速読をする」という意識を持ってスピードをつけて読みます。
3回目→1回目の半分のスピードで読みます。

＊この3回の読みは、その日の学習の**肝心な仕上げ**ですので、必ず実行してください。

「ジャンル別問題文の読み方」テクニック

①「説明文」「論説文」の読み方

「説明文」と「論説文」はほぼ同じ読み方をしますので、本書では2つを合わせて解説していきます。これらの文章は構造的に同じように書き進められているからです。

では、この2つの文章にはどういう違いがあるのかを最初に説明します。

まず、「説明文」とは、ある話題について、様々な例を挙げながら**事実**を読み手に詳しく**説明したもの**であり、筆者の考えを述べるというよりは、**広く認められている事がら**を述べている文章です。

ですから、「説明文」の要点を捉《とら》えながら読み進める時には、**説明している事実や事実関係**を頭に入れていくことが重要です。

一方、「論説文」は、ある話題についての事実を説明しながら**筆者の考え**を述べていくという特徴があります。

ですから、「論説文」の要点を捉《とら》えながら読み進める時には、**筆者の主張している**

意見や感想を頭に入れていくことが大事です。そして、この**筆者の主張**こそがその文章の中心内容となります。

つまり、

○「**説明文**」←話題についての**事実**をきちんと読む。

○「**論説文**」←話題についての**事実**を読んだ上で、**筆者の主張（意見、感想）**などをきちんと読む

ということが大切です。

中学入試における読解問題においては、「説明文」「論説文」の場合、たいていは形式段落ごとに区切られて文章が綴《つづ》られています。

形式段落は、内容の小さな一区切りごとに**行が変わり、一マス空いて**います。一目で区切られているところがわかるので読みやすくなっています。

【一】次の文章を読んで、後の問いに答えなさい。

〔1〕

エジプトのピラミッドやギリシャのパルテノン神殿《でん》は、モニュメントと呼ばれる。西欧《おう》世界やその他の多くの地域においてさまざまのモニュメントが造り出されたが、その背後にあるのは、ある人や事件の記憶《おく》を永遠に伝えたいという強い願望である。もともと「モニュメント」という言葉は（中略）「思い出させるもの」というのがその本来の意味である。人は何かある重要な事件や特別な人の思い出を長く後世に伝えたいと願う。だが人間の記憶は頼《たよ》りなくはかないものであり、思い出は次第に忘れられていく。そこで、記憶を（注一）堅牢《けんろう》な物質のなかに形象化して、永遠に伝えようとするのが「モニュメント」である。それは、物質の堅牢性のなかに記憶の継《けい》承の保証を求めたものと言ってよい。

(中略)

行が変わり一マス空いている

◎日本においても、記憶を永続させたいという願望は古くから強くあった。それが文化の根である以上、当然のことである。だが日本人は、そのために、西欧世界におけるように堅牢なモニュメントを造るということはしなかった。日本人は、人間の記憶がはかなく頼りないものであると同様に、物質もまたほろびやすいものだという（注二）洞《どう》察を持っていたからである。したがって日本人は、物質の堅牢性を信頼する代わりに、物質もまたいずれは消滅するものだという前提に立って、なおかつ記憶の継承を確保するいくつかのやり方を生み出した。今、伊勢神宮を手がかりとしてそのやり方を考えてみれば、およそ三つほど重要な特色が指摘《てき》できる。それらの特色は、優《すぐ》れて日本的なものであるが故《ゆえ》に、伊勢神宮のみならず、その他の日本文化のさまざまな領域においても認められるものである。

〔2〕 形式段落

（桜蔭中学校　平成18年度入試問題）

行が変わり一マス空いている

◎その第一は、「型の継承」である。日本人は、物質の永続性には信頼《らい》を置かなかったが、その代わり「型」は永続するものと考えていた。伊勢神宮が、(注三)遷宮《せんぐう》のたびに以前とまったく同じかたちに造営されることは、広く知られているとおりである。(中略)

〔3〕

◎言葉による表現、すなわち文学が記憶の継承に重要な役割を果していることは、改めて指摘するまでもない。文学は、どの国においても、文化の(注四)枢《すう》要な担《にな》い手である。この領域においても、日本では、古くからの「型」が長く生き続けて文化的伝統を形成している。事実、最も古い時代の作品である『古事記』に登場してくる「五・七・五・七・七」という三十一文字による詩の形式は、伊勢神宮の場合とほぼ同じく千三百年の歴史のあいだ、ほとんど途《と》切れることなく受け継《つ》がれて、今日まで至っている。その間、近世において、「五・七・五」の十七文字による俳句という新しい形式が生まれてきたが、それは和歌にとって代わったわけではなく、ともに共存して今日でも繁《はん》栄をみせていることは、広く知られているとおりである。(中略)

〔4〕

形式段落

(桜蔭中学校　平成18年度入試問題)

前記の例文のように小さな段落の連続で「説明文」「論説文」は成り立っていますから、まず要点を捉《とら》えることに慣れるまでは、この小さな一かたまりごとに「書いてある内容」をつかんでいけばいいのです。

全体の文章を眺めると長く感じてちょっとゲンナリしてしまうお子さまも多いと思いますが、この**一かたまりの短い文章ごとに「何が書いてあるのか」をつかんでいく**ことを繰り返し行うことで、徐々に**要点を正しく読み取ることができる**ようになっていきます。

一かたまりごとの要点を捉《とら》えることに慣れてきたら、これを**意味段落**で区切って要点を捉《とら》えていくとよいでしょう。

意味段落で文章を区切る時は、**「文章の大意」**すなわち、ほぼ同じ内容でまとまっているところで一かたまりにまとめます。

先ほどと同じ文章を、今度は**意味段落**に区切っていきます。

〔一〕次の文章を読んで、後の問いに答えなさい。

意味段落 ①

形式段落〔1〕

『エジプトのピラミッドやギリシャのパルテノン神殿《でん》は、モニュメントと呼ばれる。西欧《おう》世界やその他の多くの地域においてさまざまのモニュメントが造り出されたが、その背後にあるのは、ある人や事件の記憶《おく》を永遠に伝えたいという強い願望である。もともと「モニュメント」という言葉は（中略）「思い出させるもの」というのがその本来の意味である。人は何かある重要な事件や特別な人の思い出を長く後世に伝えたいと願う。だが人間の記憶は頼《たよ》りなくはかないものであり、思い出は次第に忘れられていく。そこで、記憶を（注二）堅牢《けんろう》な物質のなかに形象化して、永遠に伝えようとするのが「モニュメント」である。それは、物質の堅牢性のなかに記憶の継《けい》承の保証を求めたものと言ってよい。（中略）』

形式段落〔2〕

『日本においても、記憶を永続させたいという願望は古くから強くあった。それが文化の根である以上、当然のことである。だが

意味段落は、形式段落の〔3〕と〔4〕をくっつけて
1つのまとまりにします→ ③

②

日本人は、そのために、西欧世界におけるように堅牢なモニュメントを造るということはしなかった。日本人は、人間の記憶がはかなく頼りないものであると同様に、物質もまたほろびやすいものだという（注二）洞《どう》察を持っていたからである。したがって日本人は、物質の堅牢性を信頼する代わりに、物質もまたいずれは消滅するものだという前提に立って、なおかつ記憶の継承を確保するいくつかのやり方を生み出した。今、伊勢神宮を手がかりとしてそのやり方を考えてみれば、およそ三つほど重要な特色が指摘《てき》できる。それらの特色は、優《すぐ》れて日本的なものであるが故《ゆえ》に、伊勢神宮のみならず、その他の日本文化のさまざまな領域においても認められるものである。

③

「その第一は、「型の継承」である。」日本人は、物質の永続性には信頼《らい》を置かなかったが、その代わり「型」は永続するものと考えていた。伊勢神宮が、（注三）遷《せんぐう》宮のたびに以前とまったく同じかたちに造営されることは、広く知られているとおりである。（中略）

〔3〕

（桜蔭中学校　平成18年度入試問題）

意味段落 ③

〔4〕 言葉による表現、すなわち文学が記憶の継承に重要な役割を果していることは、改めて指摘するまでもない。文学は、どの国においても、文化の（注四）枢《すう》要な担《にな》い手である。この領域においても、日本では、古くからの「型」が長く生き続けて文化的伝統を形成している。事実、最も古い時代の作品である『古事記』に登場してくる「五・七・五・七・七」という三十一文字による詩の形式は、伊勢神宮の場合とほぼ同じく千三百年の歴史のあいだ、ほとんど途《と》切れることなく受け継《つ》がれて、今日まで至っている。その間、近世において、「五・七・五」の十七文字による俳句という新しい形式が生まれてきたが、それは和歌にとって代わったわけではなく、ともに共存して今日でも繁《はん》栄をみせていることは、広く知られているとおりである。（中略）」

〔5〕「記憶の永続性を保証する第二のやり方は、「儀《ぎ》礼の反覆《ぷく》」である。二十年ごとに新しく造営される伊勢神宮が、材料という物質中心主義の観点から見れば「コピー」でありながら、同時に「真

形式段落

（桜蔭中学校　平成18年度入試問題）

④

正な」オリジナルとしての価値を持つことができるのは、かたちをそのまま受け継いでいるという理由だけによるのではない。それと並んで同じように重要なのは、昔からのさまざまな祭祀《し》、行事が、古式にのっとって行なわれるということが、新しく造られた建物に「真正さ」と正当性を与《あた》えるのである。（中略）』

例えば、形式段落では、（行が変わり一マス空いているので）〔3〕と〔4〕は区切られていますが意味段落で分ける場合は、どちらも「型の継承」についての共通した内容が書かれていますから、この2つを同じ大意としてまとめて一つの段落とします。要点を捉《とら》えていく時にも、このように形式段落で**同じ内容が述べられているもの同士を一まとまりに**くっつけて意味段落で読み取っていくのです。

では、「その要点をいかに頭に入れていったらよいか」という方法を解説していきます。

「説明文」や「論説文」には、文中に必ず**繰り返し出てくる**重要語句があります。これからこの重要語句のことをキーワードということにします。キーワードとは、キー＝鍵（かぎ）、ワード＝言葉という意味で、つまり文章の中の**「鍵となる重要な言葉」**という意味になります。文章を読み進める時には、このキーワードに注目して内容をつかんでいけばいいのです。要点を捉《とら》えることに慣れてくるまでは、キーワードに〇で印を付けながら内容をつかむようにしましょう。

では、具体的に先ほどの例文の、最初の①、②の文章を使って**キーワード**に注目しながら**要点**を捉《とら》えていきます。

【一】次の文章を読んで、後の問いに答えなさい。

①**「**エジプトのピラミッドやギリシャのパルテノン神殿《でん》は、**モニュメント**と呼ばれる。西欧《おう》世界やその他の多くの地域においてさまざまの**モニュメント**が造り出されたが、その背後にあるのは、

〔1〕

ある人や事件の**記憶**《おく》を永遠に**伝えたい**という強い願望である。もともと「**モニュメント**」という言葉は（中略）「**思い出させるもの**」というのがその本来の意味である。人は何かある重要な事件や特別な人の**思い出**を長く後世に**伝えたい**と願う。だが人間の**記憶**は頼《たよ》りなくはかないものであり、**思い出**は次第に忘れられていく。そこで、**記憶**を（注一）堅牢《けんろう》な物質のなかに形象化して、永遠に**伝えよう**とするのが「**モニュメント**」である。それは、物質の堅牢性のなかに**記憶**の継《けい》承の保証を求めたものと言ってよい。（中略）**」**

② **「日本**においても**記憶**を永続させたいという願望は古くから強くあった。それが文化の根である以上、当然のことである。だが**日本人**は、そのために、西欧世界におけるように堅牢なモニュメントを造るということはしなかった。**日本人**は、人間の**記憶**がはかなく頼りないものであると同時に、**物質**もまたほろびやすいものだという（注二）洞《どう》察を持っていたからである。したがって

〔2〕

（桜蔭中学校　平成18年度入試問題）

日本人は、**物質**の堅牢性を信頼する代わりに、**物質**もまたいずれは消滅するものだという前提に立って、なおかつ**記憶**の継承を確保するいくつかのやり方を生み出した。今、伊勢神宮を手がかりとしてそのやり方を考えてみれば、およそ三つほど重要な特色が指摘《てき》できる。それらの特色は、優《すぐ》れて**日本的**なものであるが故《ゆえ》に、伊勢神宮のみならず、その他の**日本文化**のさまざまな領域においても認められるものである。』

------------〔2〕------------

（桜蔭中学校　平成18年度入試問題）

①から②までの文章のキーワードの見方を順に説明しますので、**太字になっている部分**（実際は○で囲みます）を見ながら理解していってください。

まず、①を見てください。この文章のキーワードがわかりますか。キーワードとは、繰り返し出てくる重要語句のことでしたね。

よく読むと、このたった12行の文章中に、

・「モニュメント」（4回）

・「記憶」（4回）

・「思い出」「思い出させるもの」（3回）

・「伝えたい」「伝えよう」（3回）

この4つの言葉が繰り返し使われて文章が述べられています。

これらがキーワードです。

「モニュメント」「記憶」「思い出」「伝える」の4つのキーワードに注目しながら、もう一度問題文を読んでみてください。「この文章の**要点は何か**」を捉《とら》えることを意識して読みます。（それが目的でキーワードに注目しているのです）

①の文章では「何が書かれているのか（要点）」をつかむことができましたか。

では、4つのキーワードに注目してこの文章の要点をまとめていきます。

人間は記憶を伝えるためにモニュメントを造った
← どこで?
西欧世界やその他の地域（2行目参照）
← 何の記憶?
ある人や事件の記憶（4行目参照）

つまり、

《要点》＝西欧世界やその他の地域では、ある人や事件の**記憶**を**伝える**ために**モニュメント**を造った。

と、いうことになります。

②も同様にキーワードに注目してみましょう。

キーワードはわかりましたか?

この文章ではたった13行の中に「日本」「日本人」「日本的」「日本文化」と日本が連発していますね（6回）。

そうです。ここでは「日本」についての「何か」が書かれているのです。
では、その他はどうでしょうか？

「記憶」（3回）
「物質」（3回）

ここで頻繁に出てくる言葉は「日本」「記憶」「物質」の3つになります。では、これらのキーワードに注目しながら読み進めます。

書き出しに注目してください。書き出しは「日本においても」ですね。「も」ということは前の段落に書いてある内容との関連を考えると「**日本**においても（前の内容と何かが）同じであった」ということです。

前の文章は「西欧世界やその他の地域」について書かれていました。それが「**日本**においても……」ということは、何か共通のことがある、ということです。この最初の文章を読んでいくと、「**記憶**を永続させたいという願望は古くから強くあった」とあります。

つまり、西欧世界やその他の地域と同じように**日本**においても「**記憶**をずっと伝えていきたい」という考え方があったといっているんですね。

その他のキーワードに注目します。

キーワードの「記憶」という言葉が使われている文章をたどっていきましょう。

「記憶を永続させたい」（②の1行目）

「記憶がはかなく頼りない」（4・5行目）

「記憶の継承を確保する」（8・9行目）

と書かれています。

次に「物質」が使われている文章をたどります。

「物質もまたほろびやすい」（5行目）

「物質の堅牢性を信頼する代わりに」（7行目）

「物質もまたいずれは消滅するものだ」（7・8行目）

どうですか。これらの部分に注目しながら読み進めていくと②の要点が見えてきますね。

日本においても記憶を永続させたい願望があった（②の1・2行目）

← しかし、

物質はほろびやすく消滅しやすい（5〜8行目）

↓　だから

日本人は記憶の継承を確保するいくつかのやり方を生み出した（8・9行目）

という流れで文章が進んでいます。

つまり、

《要点》＝**日本**においても**記憶**を永続させたい願望があった。しかし、**物質**は消滅しやすいという前提に立ち、**日本人**は別のいくつかのやり方を生み出した。

となります。

要点の捉《とら》え方は理解できましたか。

このように「説明文」「論説文」の文章は、キーワード（繰り返し使われている重要語句）に注目しながら読み、**「何が書かれているのか」**を正確に頭に入れていくことが最初の大切な作業です。

次に、キーワードと深い関係にある「関連表現」について説明します。

この「関連表現」も問題文の要点を捉《とら》える際に、とても役に立ちますのでぜひ覚えておきましょう。

「キーワード」＋「関連表現」で注目して読んでいくと、よりいっそう深く文章が理解できるようになります。「関連表現」というのは、文字通り関連性、すなわち、**ある深い関係を持っている言葉**という意味です。

では、どんな関連表現の種類があるのかを具体的に説明していきます。

【関連表現の例】

① 類義表現……似たような意味を持つ言葉同士の関係

喜び――嬉しさ――歓喜――感喜

儀式――通過儀礼――式典――典礼

郊外――町外れ――地方――田舎

② 対照表現 …… 2つの言葉の意味の違いが大きく際立っている、または、互いに対立しているような関係

空 ― 地面、天 ― 地

都会 ― 田舎

狩猟民族 ― 農耕民族

③ その他の相関表現

豹《ひょう》 ― トラ ― ライオン（同類を表す関係）

車 ― エンジン ― ハンドル ― ブレーキ（全体と各部分を表す関係）

野生動物 ― くま ― きつね ― 鹿（類と種を表す関係）

あいさつ ― おはようございます（抽象と具体の関係）

テロ ― 戦争、不注意 ― 事故（原因と結果の関係）

こうした関連表現に注目できるようになると要点を把握していく時に便利なだけではなく、「前後の段落の関係」を読み取る時に役に立ちます。

例えば、先ほど取り上げました例文の「関連表現」を見ていきましょう。

モニュメント――ピラミッド――パルテノン神殿
記憶――思い出――思い出させるもの
伝える――継承――（記憶を）永続させる

これらは、お互いに深い関係を持っている言葉、正に「関連表現」です。前記した「関連表現」の中でも、特に同じような意味を持つ類義表現は、問題文の読み取りにおいて有益です。

「**キーワードや関連表現**に**注目しながら**問題文の**要点を捉**《とら》**える**」方法は理解できたでしょうか。

さて、次にしなければならないことは、「**段落同士**が**どんな関連性**を持っているのか」をつかんでいくことです。つまり、前後の段落の内容が**どういう関係**でつながっているのかを読み取ります。

では、これからその関連性をどのようにつかめばいいのかを説明します。

まず、「段落と段落の関連の仕方」には次のようなものがあります。

【関連の仕方の種類】

①前の段落にもう一つの同じような内容を**付け足して**いる
②前の文章を**さらに詳しく説明**する（原因、理由、根拠などの説明）
③説明するための**例を挙げる**
④**逆**の事実、もしくは**逆の意見を述べる**
⑤まったく**新しい話題**に変わる
⑥前の文章をわかりやすく**まとめる**

「説明文」「論説文」の場合は、前後の段落が①〜⑥のいずれかの関係を結んでいます。これらの関係を見抜くためには、まずはその段落の「**書き出し**の言葉」をよく読むことです。特に**接続詞**は大きなヒントになりますので必ず注目してください。

例えば、ＡＢＣＤＥＦＧの段落で成り立っている文章があると仮定します。この文章の構造を図で示し、その書き出しとして使われている代表的な接続詞を挙げて説明します。

Ａ

↕ **前置き**（「これから私はこういう話題について述べますよ」という説明に入る前の**問題提起**）

＊先取りして**結論**を述べている場合もあるので注意する。

Ｂ

↕ Ａの**付け足し**（同じ内容の付け加え）

接続詞 ←

そして・さらに・それから・そのうえ・それに・しかも

C ↔ AとBの内容について例を挙げてさらに詳しく説明する

接続詞 ← たとえば・いわば

・説明の中でその理由を述べる

接続詞 ← なぜなら・というのは

・あることがらを対等に並べて加える

接続詞 ← また・および・ならびに

D ↔ ABCとは逆の事実を説明したり、それについての考えを述べる

接続詞 ← しかし・だが・ところが・が・でも・けれど・しかるに

E　⟷　Dの内容について例を挙げてさらに詳しく説明する

　　接続詞　←

たとえば・いわば

F　⟷　Eの付け足し（ABCとは逆の内容の付け加えとなる）

・さらに説明を補足したり、条件や例外を付け加える

　　接続詞　←

なお・ちなみに・ただし・もっとも

・対比したり、どちらかを選択することを示す

　　接続詞　←

または・あるいは・もしくは・それとも

G　↕　AからFまでの内容の**まとめ**を述べて筆者の主張で締めくくる
・言い換えをしてまとめる
接続詞　←　**つまり・ようするに・すなわち**
・当然の結果や結論をあとで述べる
接続詞　←　**したがって・そこで・ゆえに・すると**

また、長い「説明文」「論説文」になると、途中で**話題が変わる**こともあります。
接続詞　←　**さて・では・ところで・それでは**

新しい話題に変わっていく時には、**必ず意味段落の分かれ目となります**ので、その前後の段落の内容には特に注意しましょう。

以上のように、どのような「説明文」「論説文」でも各段落同士がある関連性を持ちながら書き進められています。

「前後の段落の内容がどのようにつながっているのか」を見極められるだけで設問を解く時のスピードと正確さがグッと違ってきます。つまり、一読した時に「どこに何が書いてあるのか」という情報処理の効率が上がり、設問に対する「答えの手がかりを探す」作業が速く正確になっていくのです。

ここまでの重要ポイント「**要点**の捉《とら》え方」と「段落同士の**関連**の読み取り方」は理解できましたでしょうか。

ところで、「説明文」「論説文」の文章は、ある**事実**について説明していますから、筆者は原則として現実にある本当のことを書いています。

文章をたどる時は、その本当の**事実**と**筆者の主張**（意見、感想）をきちんと読み分けましょう。そして、その上で、筆者が結論として最も**主張したいこと**が書いてある段落を確定する必要があります。

「説明文」「論説文」の文章構成は、
たいていの場合、

序論（問題提起）＊前記の図表のA
←
本論（詳しい説明）＊図表のBCDEF
←
結論（まとめ）＊図表のG

となっています。

筆者が一番主張したい内容は、ほとんどが最後の意味段落にありますが、そうでない場合もありますので、まずは基本となる3つの構成パターンを覚えておくと便利です。

○**最初**に**話題を提供する際に、**
事実のまとめや筆者の主張を述べてしまう。

○**最後の段落で今まで説明してきた事実のまとめや**
筆者の一番主張したいことを述べる。

○**まとめ**と筆者の**主張**を一番**最初**の段落と一番**最後**の段落の両方で述べる。

「説明文」「論説文」の構成は、この3つが基本となりますが、中には例外もあり、意図的にこの原則を破っているものが出題される場合もごく稀にあります。しかし、**各意味段落の要点を正しく読み取る力がついていれば、**例外的な文章構成になっている場合でも「事実関係の**まとめ**」や「筆者の**主張**」がどこに書いてあるのかはつかめます。そこがつかめるようになっていれば、どのような「説明文」「論説文」でも対応できます。設問を解く準備は万端に整ったことになりますので大丈夫です。

では、もう一度「説明文」「論説文」の読み方の方法と重要なポイントを復習します。

①キーワード・関連表現に注目しながら段落ごとの要点（どこにどんなことが書いてあるのか）を読み取る。

②この時、段落と段落がどのような関係でつながっているのかという関連性を捉《とら》えていく。

③筆者の主張、結論がどの段落に書かれているのかをつかんでおく。

①②③を念頭に入れたらさっそく問題文を読んでください。

②「物語文」の読み方

では、次に「物語文」を一読する時のポイントに移ります。

「物語文」は、「説明文」「論説文」のように文中にキーワードが繰り返し出てくるようなことはありません。「物語文」は事実に基づいた話題について書かれているのではなく、あくまで**筆者が創作したお話**が書かれています。では、「物語文」の場合、段落ごとの要点はどのようにつかんでいけばよいのでしょうか。

「物語文」はまず、

① お話の中で何かが起こります。つまり、「何かの出来事（事件）」が起こりますのでそれを読み取ります。

次に

② その出来事や事件に対して登場人物たちが反応します。反応するとは、つまり、そ

の出来事に対して人物たちが行動し、会話（セリフ）を交わすということです。
登場人物が「どのように行動し、どんな会話を交わしているか」ということは「物語文」の読解における「答えの大きな手がかり」ですので、ここは絶対におさえておきます。

そして

③それによって登場人物の気持ちが動きます。このことを「心情変化」といいます。
登場人物たちは、さまざまな出来事を経験し、人と触れ合うことで気持ちが変わっていくのです。私たちの実際の日常生活の中でもたくさんの出来事が起きていますね。その出来事を通し、さまざまな経験をすることによって私たちの気持ちは変わっていきます。また、私たちも日々過ごす中で、必ず人と関わり合っています。両親や兄弟、先生や友達、その他さまざまな人と接する中で行動し、会話を交わしています。そこでは、必ず、うれしかったり悲しかったり怒ったりといった感情が動いています。

物語の人物たちもまったく同じだと考えてください。物語の中では「どのように人物の気持ちが動いていくのか、どう変わっていったのか」をしっかりと読み取ります。

例えば、このようなお話があったとします。

A君とB君が喧嘩をしました。（出来事）

「今まで親友だと思ってたけど、もう絶交だ」（セリフ）

「こっちこそ、もうぜったいお前なんかと遊んでやるもんか」（セリフ）

その日からA君とB君は学校で会っても口をきかなくなりました。（行動）

二人はそれぞれ相手に対する怒りで胸がいっぱいでした。（気持ち）

ある朝、学校へ行く途中、A君が落し物を拾いました。それは筆箱でした。よく見るとB君の名前が書いてありました。（出来事）

A君は、B君と口もきいていない状態なので筆箱をB君になんかわたしてやるものか、と思いました。しかし、やっぱり筆箱がないと学校で一日中B君は困るだろうと考えると、とても迷いました。（気持ち）

A君は、迷った末にけっきょくB君に筆箱をわたすことに決め、教室でB君と顔を合わせると筆箱を差し出しました。（行動）
「これ、道に落ちてたよ」（セリフ）
B君は驚いた顔でしばらくA君を見つめていましたが、ニッコリとして筆箱を受け取りました。（行動）
「ありがとう」（セリフ）
B君の素直なお礼の言葉を聞いて、A君も素直に謝ろうと思いました。意地を張っていることが、なんだかバカバカしくなってきました。（気持ち）
「この間はごめん」（セリフ）
B君とA君は顔を見合わせると、なんだかおかしくなって二人で大声を立てて笑いました。（行動）

これは、私が思いつくままに創作した、いたってシンプルな「物語文」ですが、ここには**出来事・行動・セリフ・気持ち**が書かれています。

物語を一度自分で作って書いてみるとわかるのですが、「物語文」というのは、この**出来事・行動・セリフ・気持ち**で場面が構成されて話が進んでいくのです。

つまり、「物語文」ではこの４つをきちんと読み取ることが「要点を正確に読み取る」ということになります。

特に大切なのは**「心情変化」**です。

つまり、**「気持ちがどのようなきっかけでどう変わっていったのか」**ということです。

そのことを、先ほどの例文で図式化すると、

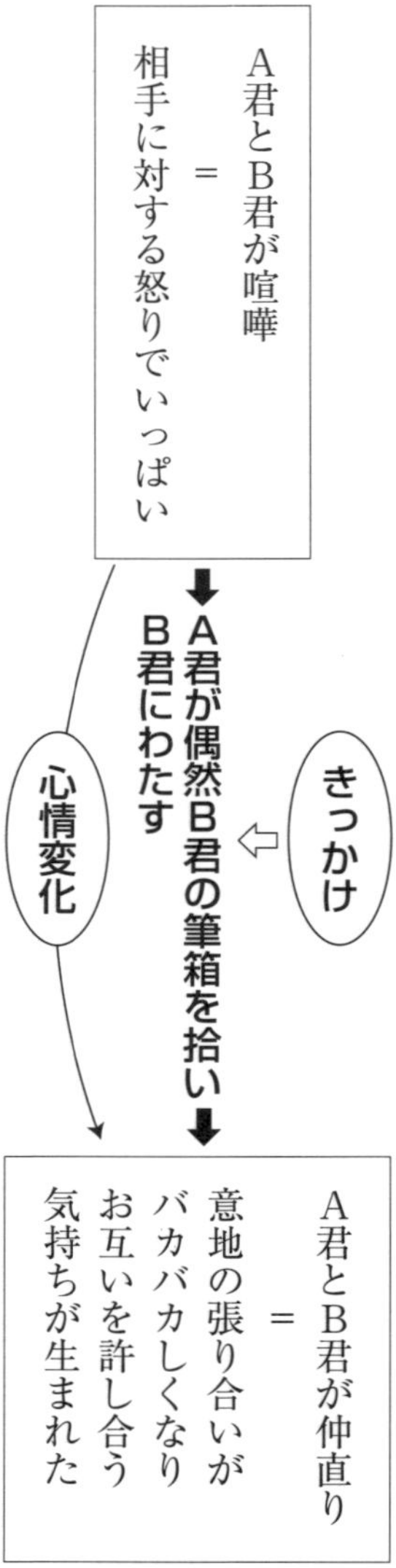

A君とB君が喧嘩
＝
相手に対する怒りでいっぱい
きっかけ
A君が偶然B君の筆箱を拾いB君にわたす
心情変化
A君とB君が仲直り
＝
意地の張り合いがバカバカしくなりお互いを許し合う気持ちが生まれた

となります。

中学入試の「物語文」の読解問題においては、毎年のように頻出している重要ポイントは間違いなく**「人物の心情」**と**「心情変化」**ですので、ここはなんとしてもしっかりとおさえて読むようにしましょう。

では、次に「物語文」の一つずつの場面はどのように構成されているのかを図にしてみます。

事件・出来事

（ある時、ある場所で、ある人物たちの間で**何か**が起こる）

↓

登場する人物たちの行動・セリフ

（出来事に対して人物たちがいろいろな**行動**を起こす。また、人物同士で**会話**のやり取りをする）

↑↓　交差する

人物の気持ち

（出来事や人との関わり合いの中で人物たちが思っていること、感じること）

このように一つの場面の中に人物たちの**出来事（事件）、行動、セリフ、気持ち**が盛り込まれています。

先ほどの図を踏まえて、今度は「物語文」全体の構成を図に表してみます。３つの段落で成り立っている「物語文」を例に挙げます。

場面Ⅰ

出来事・事件
↓
人物の行動・セリフ
↓↑
人物の**気持ち**

○途中経過の出来事や人物同士の関わりによって大きな**心情変化**が生じる

心情変化

場面Ⅱ

出来事・事件
↓
人物の行動・セリフ
↓↑
人物の**気持ち**

※

心情変化

場面Ⅲ

出来事・事件
↓
人物の行動・セリフ
↓↑
人物の**気持ち**

※

重要ポイント
↓
「心情変化のきっかけとなるのは※の部分」

図で示したように物語文は**出来事（事件）**、**行動**、**セリフ**、**気持ち**が一つのまとまりとなっており、そのまとまりが、また次の一つのまとまりへとつながっていきます。そしてその文章の流れの中に情景描写がうまく織り込まれて文学的に綴《つづ》られているのが「物語文」なのです。

もし、どうしても「物語文」の読み取りが苦手で要点がつかみきれない場合は、読み取りに慣れるまで、場面ごとに次のように表を作って書き込んでいくと、その物語の筋書きや登場人物の気持ちが理解しやすくなります。

場面　［Ⅰ］　↓　［Ⅱ］　↓　［Ⅲ］　↓　……

出来事	いつ、どこで、何が起こったか
言　動	だれが、どういう行動をしてどういうセリフを言っていたか
気持ち	その時の人物の気持ちはどのようであったか（文中にズバリ書いていない場合は出来事や言動から推理する）　⬅**重要！**

〈［Ⅰ］［Ⅱ］［Ⅲ］……　ごとに前記事項を書く〉

作表は少し時間を要する作業ですが、このポイントをつかむことができるようになってくると、一読で場面ごとの内容がスムーズに頭に入ってくるようになります。

次に「物語文」の要点を読み取る際に大切なポイントをいくつか挙げます。

＊ポイント1＊

その物語は、だれの視点で書かれているのか、つまり、だれの目から見たものとしてその物語が書かれているのかを意識する。

書かれている視点の種類は2つ

① 登場人物の一人の視点に立って書かれている

この人を「視点人物」といいます。この場合は、すべてがこの人が見たもの、聞いたもの、感じたこと、考えたことが中心に書かれています。ですから、その他の人物の心情などは、この「視点人物」の推測で書かれています。

この「視点人物」は、場面によって変わることもありえますので注意が必要です。

②作者の視点で書かれている

この場合、すべては作者の目で見たもの、つまり、第三者的な立場で捉《とら》えたものとして書かれています。ですから、その物語は、自然と客観的な描き方になっています。

＊ポイント２＊

①登場する人物像に注目しておく（特に主人公）

・生い立ち
・生活環境（家庭、学校、会社など）
・外見
・年齢（具体的に書かれていなければだいたいでよい）
・職業（学生・社会人としての位置づけなど）
・人間関係（家族関係、友達関係、上司と部下の関係など）

こういった人物像を捉《とら》えることは、あとの設問に答える際の大きなヒントになります。

例えば、同じ出来事に対する反応も17歳の女の子と中年を過ぎたサラリーマンとはぜんぜん違いますよね。行動やセリフ、気持ちの動き方も自ずと異なってきますので、きちんと注目して読み取りましょう。

②登場人物の表情、仕草、態度、くせなどに注目しておく

ここに注目すると、その人物の性格がよくわかります。性格がわかれば、例えばその人の心情を記述する設問等に対応する際に役立ちます。

例えば、こんな文章があったとします。

お母さんに「マンガばかり読んでいないで少しは勉強をしなさい！」と言われたので、聖子は玄関に走って行き、大きな音を立ててドアを閉め、外に飛び出した。

←

この文章からは、「気が強い」という聖子の性格が読み取れますね。また、大きな音を立ててドアを閉めるという態度から、お母さんに気に入らないことを言われて「ふてくされている」というような聖子の気持ちが推測できます。

③情景（まわりの景色・様子・時代的背景）や天候に注意しておく

・時代、または時代の移り変わり

・晴れ、雨、曇り、嵐、台風などのお天気の様子や変化
・景色の光と影、色、明るさ、暗さなどの変化
・暑い、寒い、涼しい、温かいなどの気温の状態や変化
情景描写は、登場人物（特に主人公）の心情やその場面の内容と呼応して表現されていることが多いです。注意しておきましょう。

例えば、

主人公が喜ばしいハッラッとした気持ちでいる時は、その場面のお天気は「晴天」で、辺りの景色は輝かしい太陽の光で満ちていたりします。

逆に悲しくて憂鬱《ゆううつ》な気持ちでいる時には、雨だったり、暗い曇り空だったりします。

《注意》人物の心情を強調する意図で、わざと逆のイメージをその場面の情景描写に導入している場合もあります。しかし、この場合は、一言ヒントとなる言葉が添えられているはずですので、そこに注意をしておきます。

〔例〕空は、裕子の心とは裏腹に晴れ渡り、太陽が輝いていた。

④ 人間の心の成長を読み取る

物語文の中では、登場人物（特に主人公）に「何かの問題」が頻繁《ひんぱん》にふりかかってきます。人物は、その困難な問題に立ち向かい、心の迷いや挫折を繰り返しながら克服していきます。

〔例〕・**人間関係のもつれ**
（親子・兄弟・姉妹関係、友人関係、上司と部下、先生と生徒など）
・**心の悩み**
（迷い・モヤモヤとした感情の交差など）

ここの部分を読み取る時には、

まず、「どのような**試練**や**困難**があるのか」
↓
「どのような**感情のもつれ**があるのか」
「どのような**迷い**があるのか」
↓
「それをどのようにして**解決**したのか」

という流れを追います。

その流れを読む時には、克服するまでの解決策や解決をしていく過程をおさえるようにします。

加えて、この時の協力者や対立者にも注目をしておきます。

◎まずは「何に対して**協力し合っているの**か」、または「何に対して**対立し合っているの**か」という

・**協力の理由、対立の理由**をつかむ。

・解決をしていく**過程**をおさえる。

・そして、**結果的にどうなったのか**を読み取る。

人間の心の動きや考え方は、周りの人間関係でどのようにでも変化していきますので、ここは注意をして読んでいきましょう。

そして、試練や困難を乗り越えたあとに、その人物の心の中には大きな**変化**が生まれます。

これを図式化してみます。

【1】試練

・悩み（状況が自分の意思や願望を妨《さまた》げている）
・迷い（複数の選択肢の間で揺れ動いている）
・対立（人間関係の悪化、争い）

←

【2】きっかけ

・ある出来事やある人物の言動により、状況や事情に変化が生じる

←

【3】克服

・問題の解決
・人間関係における和解
・迷いがなくなり前進する

心情変化 ＝ 重要ポイント

人物が困難な問題や事件に巻き込まれるような場面展開がある「物語文」において、設問で主人公の**心情**や**心情変化**を問われた場合には、前頁の図を念頭において**出来事（事件）**、**人物たちの行動**、**セリフ**と関連付けながら**「【1】の時の人物の気持ち、次に【2】のきっかけ、最後に【3】の時の人物の気持ち」**に注目して解答します！

⑤ 気持ちを表す言葉に注目しておく

人物の心情の読み取り方法として、もう一つ大切なことがあります。

それは、文中において人物の「**気持ちそのものがズバリ書かれている表現**に注目しておく」ということです。

「うれしい」

「楽しい」「泣きたい」「なつかしい」「怒っていた」

「くやしい」「ほっとした」

など、人物の気持ちが直接的に表現されている部分は、「心情について問われた」場合、その言葉をそのまま使って答えられます。

また、文末表現にも注目しましょう。

「〜と思った」「〜と感じた」

などは、その「〜」の部分がズバリ人物の気持ちとなっています。

このような文末表現が使われている時にも、設問で**人物の気持ち**を問われた場合は、そこの「〜」の言葉をフルに活用すると答えを記述しやすいし、まず間違えることはありません。

最後に「物語文」の「段落の分け方」について説明します。

段落に分けるというのは、「物語文」の場合は「**場面ごとに区切る**」ということを意味します。この方法には確たる約束事があります。優先順位も番号で示していきますので、ここはぜひおさえてください。

（1）時間の変化で区切る

これは、時間的変化の大きいものから優先します。

例えば、左記の通りの順番です。

年が変わる　↓　**季節**が変わる　↓　**月**が変わる　↓　**週**が変わる　↓
曜日が変わる　↓　**日**が変わる　↓　**朝・昼・夜**と変わっていく　↓
時間が変わる　↓　**分**が変わる　↓　**秒**が変わる

（2）**場所の変化**（出来事が起こる場所や、人物たちが行動している場所が移行していたら、そこに注目する）
（3）**人物たちの入退場**（誰が登場し、誰がいなくなったか）
（4）**状況の変化**
（5）**人物の言動や心情変化**

「物語文」についての「読み取り方」の重要ポイントは以上です。

さあ、以上のことを念頭において問題文を読んでみましょう。

③「随筆文」の読み方

「随筆文」は、「物語文」と違い、作者が想像力を働かせて「創作したお話」ではありません。「随筆文」は、筆者自身が**自分の体験**したことを書いています。つまり、実際に見たり、聞いたり、行動した事実をそのまま書いているのです。

そして、その体験したことを通して、「**筆者が**どう感じ、どう考えたのか」が書かれています。そこに**筆者の主張**も含まれます。

ですから、「随筆文」を読んで「どこにどんなことが書いてあるのか」という要点をつかむためには、筆者の**「体験の内容」**と**「筆者の主張（気持ちや考え）」**の2つを捉《とら》えればいいのです。

また、**「体験」**について書かれている文章と**「筆者の主張（気持ちや考え）」**について書かれている文章とを読み分けていく必要があります。この作業こそが、あとで設問に対応する際には大事なのです。

では、実際に「随筆文」の例文を使って、**「筆者の体験」**と**「主張（気持ちや考え）」**を読み分けてみましょう。

《例文》

私は大学三年生の夏休みに友人とヨーロッパ旅行に出かけた。（体験）わずか三週間でベルギー、オランダ、ルクセンブルク、フランス、スイス、スペインを巡る予定だったので三日ごとに違う場所で眼を覚ますというあわただしい移動の旅であったが、（体験）兼ねてから憧れていた多様な西洋の異文化に接触することができて幸せを感じた。（気持ち）ベルギーのアントワープに到着し、ホテルにチェックインしてからさっそく私は街へ散策に出かけた。（体験）

ルーベンスの絵画を鑑賞した後、どこかで休憩しようとカフェを探しながら街をゆっくりと歩いている時だった。大きな爆発音が聞こえ、あたりが一瞬騒然となった。（体験）恐怖心にかられて（気持ち）あわててタクシーを拾いホテルに戻った。（体験）ホテルに到着するやいなや受付の人に先ほどの状況を話すと、ユダヤ人がダイヤモンドを取引する会社が林立しているカラン・ストリートでユダヤ人を狙ったテロの爆撃があったと説明してくれた。（体験）陸上の国境を持たず、民族的にも軍事的危険にさらされる心配のない日本で暮らす私は大きなショックを受けた。民族浄化なる言葉のもとに排他的な国民国家を目指す戦いが跡を絶たないのは心底残念だと思う。（気持ちと考え）

翌日、アントワープからブリュッセルに向かうバスの中で、私は前日のこの苦い体験を思い出し、日本という国で平和に暮らしていることに感謝しなければならないと改めて感じた。（気持ちと考え）

そして同時に、自分の他者の文化に対する理解の不足を思い知った。（気持ち）バスの窓から眺めるベルギーの景色は人間同士の感情的な争いとはまったく無縁に思える穏やかなものだった。（体験）流れていく風景を眼にしながら私は異種の民族同士がお互いの文化の異質性を認めた上で皆がうまく共生していける道はないものだろうかと、そんなことを考えながら（考え）美しいアントワープを後にした。

これは私自身の体験をもとに書いた短い「随筆文」です。

この例文を見てもおわかりいただけるように、「随筆文」は、文章の最初から最後まで**「筆者の体験と主張（気持ちや考え）」**で成り立っているのです。

皆さん、日記を書いた経験があるかと思います。ご存知のように日記はその日の「出来事や体験や感想」などの記録です。そういう要素で文章が成り立っている点は「随筆文」と同じです。

「物語文」の解説の際にもまったく同じことを申し上げましたが、実際に自分で書いてみると面白いほどに「随筆文」がどのように構成されているのかがわかってきます。そして、文章の要点も正確につかめるようになります。

例文を見てもわかるように「随筆文」の文章構成を図式化すると以下のようになります。

【随筆文の文章構造】

筆者の体験（見たり聞いたり行動したこと）
↓
筆者の主張（気持ちや考え）

←

筆者の体験
↓
筆者の主張（気持ちや考え）

←

筆者の体験
↓
筆者の主張（気持ちや考え）

←

・・・

と、書き進められています。

また、**「筆者の体験や主張（気持ちや考え）」**の読み取りについては、左記に挙げた文末表現に注目すると一つの手がかりになります。

例文の**「体験と主張（気持ちや考え）」**の書いてある文末表現に下線を引いてありますので、ぜひその部分を参考にしてください。

「〜だった」
「〜だ」
「〜した」
「〜であった」
↓
このような言い切りの表現には、
筆者の**体験**した事実が述べられていることが多い。

「〜と思う」

「〜と思った」

「〜と感じる」

「〜と感じた」

「〜だろう」

↓

このような文末表現の場合は、
筆者の**気持ち**や**考え**が述べられていることが多い。

＊文末表現の前の内容「〜」の部分に注意して読むと要点がつかみやすい。

「随筆文」の読解においても「物語文」と同じように、よく設問で「登場する人物の心情や心情変化」を問われます。

「随筆文」では、すべてが筆者の視点だけで文章が書かれていますので、登場している人物の心情も筆者の目で見たもの、感じたものしか書かれていません。

ですから、たとえ筆者以外の人物について問われていたとしても、すべては**「筆者の主張（気持ちや考え）」**が書かれてある部分に注目して判断していけばいいのです。

特に最近、中学入試においての国語の長文読解問題では、「随筆文」の**「筆者、あるいは筆者以外の登場人物の気持ち」**を問う設問が頻出している傾向があります。ここはきちんとおさえておきましょう。

また、「随筆文」の設問では、問題文全体の主題を問われることも多いです。主題を問われたら、まず間違いなく、その答えの手がかりは、体験に基づく**「筆者の主張（気持ちや考え）」**の部分にありますので、そこはしっかりと読み取りましょう。

もし、「随筆文」の読み取りが苦手であれば、「物語文」同様、慣れるまでは次のように作表すると場面ごとの要点が捉《とら》えやすくなります。

場面　①→②→③→……

体験	筆者はいつ、どこで、どんな体験をしたか
言動	筆者はどんな行動をとり、どんなセリフを言っているか
気持ち 考え	その時の筆者の気持ちや考えはどうであったか

＊場面ごとに前記事項を書き込んでいく。

次に「随筆文」を読む時の大切なポイントを挙げます。

＊ポイント１＊

先ほども説明しましたが、「随筆文」は、あくまで筆者の実際の体験を通してしか文章が書かれていませんから、筆者以外に登場してくる人物の心情描写もすべて筆者本人から見た主観的なものです。そして、筆者以外に文章に登場している人物像のすべてが、筆者から見た人物像になっています。

ですから、「随筆文」を読む時には、筆者自身の**生い立ち、年齢、生活環境、人間関係**などに注意を払いながら読み進めると読解を行う際に役立ちます。

なぜならば、そういった人物像を理解することで文章の中に書かれている筆者の**価値観（人生観・社会観・人間観・世界観）**が自ずと見えてくるからです。

それこそが「随筆文」の**主題**なのです。

＊ポイント２＊

「随筆文」では、筆者の体験が書かれているということはすでに述べましたが、一つの体験だけでなく、複数の体験が書かれている場合が多いのです。しかし、その複数の体験を通して「筆者の主張（気持ちや考え）」には、**共通したものがある**はずなのです。それぞれが違った言葉や違った表現の仕方で書かれていたとしても、そこに**「共通する感じ方や考え方**はないか」を探ることで主題を見抜くことができます。筆者の体験の部分は、そのことを述べるために具体的事実として書かれているのです。ですから、「どういうことを述べるためにその具体的な体験が取り上げられたのか」を念頭におけば、より正確に「随筆文」を読み取ることができます。

「随筆文」は「物語文」と違い、筆者の強調したい主題の部分にキーワード（繰り返し出てくる重要語句）が書かれている文章もありますので、その場合はよくその部分に注目して読むといいでしょう。

＊ポイント3＊

「随筆文」によっては、筆者が文学的文章を意識して書いたものがあります。そういった文章の場合は、筆者や登場人物の気持ちなどが直接的に表現されず、ほのめかすようにしか書かれていません。

そのような「随筆文」を読む場合には、具体的に**「筆者がどのような体験」をして**その時、**「筆者がどんな状況」であったのか**ということをしっかりと捉《とら》えていく必要があります。つまり、注目すべきことは、**体験の具体的な内容とその時の状況**です。

また、書かれている複数の体験の中で最も印象的、感動的な出来事は何かをおさえるといいでしょう。それが書かれている部分から、**「主題＝筆者の主張（気持ちや考え）」**を**推測**していけばいいのです。

「随筆文」の読み取り方と大切なポイントは以上です。

さあ、さっそく「随筆文」の問題文を読みましょう。

「設問文の読み方」テクニック

文章を一読し、問題文の内容（要点）を捉《とら》えたら、いよいよ設問を読んでいきます。

設問を読む時、小学生の多くは、読み間違いや勘違い、または大切な箇所の読み落としをします。

例えば、次のようなケアレスミスはどのお子さまにも見られるのではないでしょうか？

〔ミスをしやすい例題1〕

> **この文章には、次の一文が抜けています。どの段落のあとに入れたらよいでしょうか。句読点は字数に含めず、前の文の終わりの七字を書き抜きなさい。**

↓

問題を解く時には、この設問を一読したあと、**「何を答えるべきなのか」を正確に頭の中で復元**できなければなりません。

ところが、中学受験生の学習指導をしている経験から申し上げても、まず、10人中

7人が正しい解答を書けません。なぜかといえば、ほとんどのお子さまが**「句読点は字数に含めず」**という部分を読み落としてしまうのです。
また、**「前の文の終わりの七字」**という部分を読み間違えてしまい、「前の文の始めの七字」を抜き出すというミスも多発します。

〔ミスをしやすい例題2〕

> **次の中から本文の内容と合っていないものを選びなさい。**
> **ア**……………。
> **イ**……………。
> **ウ**……………。
> **エ**……………。
> **オ**……………。

という頻出度の高い設問があります。

この設問を解く際に「合っていないものを」という部分を「合っているものを」と、いとも簡単に勘違いしてしまうケースは驚くほど多いのです。

その他にも、**「本文の筆者の主張と違う内容のものを選びなさい」**という設問に対し、「本文の筆者の主張と同じ内容のものを選んでしまう」など、こういうミスはどんなお子さまも繰り返してしまいます。

大人の感覚でいえば、「しっかりと設問を読めば答えられるはずだ！」と思いがちなのですが、そういった小さな読み落としをしてしまうのが子どもであるといえます。

これを単に問題を解くたびごとに「ケアレスミスをしないように気をつけなさい」と再三再四言っても、同じミスを繰り返してしまうのが、子どもなのです。

では、どのようにしたら設問の読み間違いや読み落としをしなくなるのでしょうか？

私は、設問を読む際には必ず**「心の中で音読」**することと**「重要な部分に線を引く」**ことを指導しています。実に簡単なことのように感じられると思いますが、これを実行するとしないとでは、数週間、数カ月と経つうちに「設問を読む正確さ」に大きな差が出てくるのです。

また、読解問題の設問は、――線① などの傍線解釈も重要になってきますので、その中の**「主語」「述語」**には必ず自分でわかりやすいように（頭に設問の内容を入れやすいように）**〇印**で囲っておくように指示します。

「設問を正確に読む」ということは、すなわち、「質問者が何を答えるように要求しているのか」を正しく捉《とら》えることです。設問を少しでも読み間違えてしまえば、たとえ問題文を読む力があってもアウトです。ですから、**設問を正確に読み取ることは、読解問題で得点を稼ぐための急所**と言えます。

しかしながら、子どもというものは、設問に線を引くことをきちんと実行できるのは、注意を促《うなが》されたその時だけで、次の問題を解く時にはまたうっかり忘れてしまいます。

しかし、中学入試は、人生の中の一回勝負であり、この「うっかり」が命取りである以上、絶対にあってはならないのです。

だからこそ、設問の重要な部分、つまり、「質問者が要求している答えは何か」ということをしっかり注意しながら読み込む訓練が必要なのです。

かつて、私が塾や家庭教師、そして我が子の学習指導を通して、最終的に行き着いた方法が、**設問を心の中で音読しながら重要な部分に線を引く**（問われている**「傍線部分」の主語・述語は○で囲んでおく**）ということでした。

この方法は実に簡単なようですが、受験生に習慣づけるには、相当な時間を要します。新しいプリントが配られた段階で、先ほど指示されていた**心の中で音読をしながら重要な部分に線を引く（主語・述語を○で囲む）**ということを子どもはすっかり忘れてしまいます。

ですから、ここは「指導をする側と受験生（あるいは、お母さまとお子さま）との根比べ」になります。

その際、一つ注意すべきことは、「早く習慣づけよう」と焦って子どもが設問に線を引くのを忘れた時に怒ってしまうことです。概して自分の子どもに対しては、遠慮がない分、忍耐力がなくなりがちです。

そこをグッと抑えて子どもが線を引くのを忘れるたびにやさしく諭すように注意を促《うなが》してください。

なぜかといいますと、子どもはそのことに威圧感をおぼえると次第に**心の中で丁寧**

に設問を音読することなく義務的にただ線を引くだけになってしまうのです。

子どもが、ただ線を引くだけで「設問を正しく読もう」という意識がなくなってしまうとアウトなのです。

線を引く時は、**設問を正しく読むために心の中でしっかり音読する**という行動が伴わなければ何の意味もありません。むしろ、このことが必須条件なのです。

例えば、

「文中の内容と合っていないものを選びなさい」と設問の重要な部分に線を引いているにもかかわらず、ただ引くだけで「設問を正しく読もう」という意識が働いていない場合、**内容と合っているもの**を選んでしまうのです。「設問を正しく読む」という意欲を損なってしまうことは**絶対に避けるよう**にしなければなりません。

「線を引き○をつける」作業は、「設問を正しく読む」ことが目的の方法ですので、子どもの意識をそこにもっていけるように努力してください。

ぜひ、毎回国語の読解問題を解く際には必ず始める前に**「設問は、心の中で音読しながら重要な部分に線を引きましょうね。傍線解釈の部分は主語・述語に○ね！」**

と、やさしく声がけをしてあげてください。

そして、**「心の音読 → 線を引く → ○印 → 質問者の要求していることを正確に理解する」**という流れを、「朝起きたら顔を洗わなければ気持ち悪い」というレベルの条件反射的な習慣行動になるまで根気よく続けてください。

このことが当たり前のようにできるようになると、「何を答えるべきなのか」という重要な部分の読み間違えや読み落としが確実に減ってきます。

そして、「質問者がどんな答えを要求しているのか」が自然と見えてくるようになります。

これは、とても単純な作業のようですが、効果があります。

では、これから設問を心の中で音読しながら**「どのような部分に線を引くのか」**また、傍線解釈を要求されている場合、**「その中のどこを○で囲めばよいのか」**という2点について例題を使って示していきます。

まずは、《例：1～10》の設問を**線**と○に注目しながら読んでください。

《例：1》

（問題文中の傍線）

←

――線①と筆者が考えたのはどうしてですか。文中の語句を使って考え五十字以上七十字以内で答えなさい。

←

この設問では、「筆者が考えたのはどうして」「文中の語句を使って」という部分に注意しながら設問を読む必要がありますので、心の中で音読をしながらその部分に線を引いていきます。ここでは、**文中のことばをきちんと使って筆者の考えを書かなければならない**ということを理解する必要があります。

字数制限がある場合、その字数が設問に書いてありますが、そこに線はいりません。どの学校でも、解答用紙にその条件を満たす字数の升目がきちんと書いてあります。あくまで注意しておくべきところは、答え方の条件です！

＊＊＊

《例：2》

――線②の「彼ら」とはだれのことですか。文中の十字以内の語句で答えなさい。

↓

ここでは、「彼らとはだれのこと」「文中の十字以内の語句」に注意して線を引きます。「だれなのか」を考え「文中から抜き出す」ということを正しく把握します。このような文中からの抜き出しの問題の場合も、もちろん他の記述問題などと同様、解答用紙に条件の字数の升目（ここでは、十字の升目）が書いてあります。

しかし、前記のような問題の場合は、字数を頭に入れておくと答えを**問題文の中から探しやすくなるという利点**があります。

＊　＊　＊

《例：3》

本文で述べられた実験によっては証明されなかったものを次の中から選び記号で答えなさい。

「証明されなかったもの」に注意して線を引きます。この場合、「証明されたもの」を選んでしまう可能性があります。こういうケアレスミスの可能性は軽視できません。

＊　＊　＊

《例：4》

――線④「～の気持ち」とありますが、どのような気持ちかを考えて二十字以内で答えなさい。

「どのような気持ちかを考えて」に注意して線を引きます。ここは、自分で問題文から答えの手がかりを探し、それをもとに考えるということです。その設問の意図をきちんと読み取る必要があります。

＊　＊　＊

《例：5》

――線⑤のように感じたのはなぜですか。本文全体をふまえて説明しなさい。

←

「感じたのはなぜ」に線を引き、まずは、感じた理由を答えるのだということを正確に把握します。また、「本文全体をふまえて」に線を引きながらあくまで問題文の中から根拠をしっかりつかむという意識を持つようにします。

＊　＊　＊

《例：6》

――線⑥は、どのように実験が成功したのですか。本文中のことばを使って十五字以内で説明しなさい。句読点は字数にふくめません。

←

「どのように実験が成功した」「本文中のことば」に線を引くことで、どのように実験が成功したのかその過程を文中のことばで解答しなければならないということを把握します。最後の「句読点は字数にふくめません」という条件にも必ず注意をして線を引き、忘れないようにします。

また、その学校によっては、「句読点も字数に含めます」という条件を出してきますので、必ず「含める」のか「含めない」のかをきちんとキャッチしてから解答します。

この条件の読み間違いがケアレスミスを引き起こす可能性は意外に高いので気をつけましょう。

＊＊＊

《例：7》

筆者はどういう点に感動したのですか。二つ答えなさい。

↓

「どういう点に感動したのか」という質問をきちんと理解してから「二つ」という条件を忘れないようにします。解答欄が二つに分かれている場合はいいのですが、このような設問は学校によっては解答欄が一つでまとめられている場合があるので注意が必要です。あくまでも二つという自分の線を引いた部分を頭に入れておきましょう。

＊＊＊

《例：8》

――線⑧を筆者はどう考えていますか。そのことが具体的に書かれた一文を本文中から探し、その最初の七字を書き抜きなさい。

↓

「筆者はどう考えていますか」「具体的に書かれた一文」「最初の」に注意して線を引きます。特に重要な条件は、「一文」を探すというところです。頻繁に行われてしまうミスは、ズバリその答えの書いてある部分を見つけて（そこまではＯＫなのですが）そこの部分から、つまり、一文の最初の七字を書かずに文章の途中から答えを抜いてしまうケースです。答えを探せたことだけで喜んでしまい、この「一文の最初の七字」というのを案外読み落としてしまうために違った答えを書いてしまうミスはよくあることです。せっかく問題文から答えの文章を探すことができていても、これでは残念なことになってしまいます。ぜひ気をつけましょう。

＊＊＊

《例：9》

――線⑨「美しいことば」と同じような意味で使われていることばを本文中から六字で抜き出しなさい。

←

「同じような意味で使われていることば」という条件をそのままきちんと把握します。《例：2》と同様、このような抜き出し問題の場合は文中から答えを探しやすくなるという利点がありますので「六字で抜き出し」という部分にも注意をして線を引いておくようにします。

＊＊＊

《例：10》

――線⑩「私は極力真由子のことは考えないようにしようと決めた」とありますが、なぜこのように決めたのでしょうか。この時の「私」の気持ちをよく考えて、

六十字以内でまとめなさい。←

この設問は、傍線解釈が必要になりますので、――線⑩の中の主語、述語を正確に捉《とら》えることが必要です。ですから、「　」内の主語、述語に○をつけながらしっかりと頭に入れておきます。

その上で、「なぜこのように決めたのでしょうか」と「私の気持ち」に線を引きながら、私の気持ちを手がかりに、このように決めた理由を答えるという設問の意図を読み取ります。

設問を正しく読みこなすことは、読解問題に取り組む際の重要なポイントですので、「質問者の要求している答えが何か」と「答える際に注意しなければならない条件」は、絶対に読み落とし、読み間違いのないように気をつけましょう。

ぜひ、**心の中で音読しながら重要な部分に線を引く**ということを常に実行してください。

「設問の解き方」テクニック

さあ、今度は設問の解き方を説明します。

国語における読解の設問を形式面から大きく分類すると、次の3つになります。

Ⅰ　選択式……内容が合っているものを選ぶ、あるいは内容が合っていないものを選ぶ
（○×式）……内容が合っていれば○、内容が合っていなければ×

Ⅱ　抜き出し式……問題文から適切なことばや文章をそのまま抜き出して答える

Ⅲ　記述式……設問に対する答えを自分で記述する

中学入試では、この3つが基本となって設問が作成されています。

これからⅠ、Ⅱ、Ⅲのそれぞれの解法を示していきます。

3つの形式すべてに共通することとしてまず頭に入れておいてほしいのは、答えやヒントが原則として問題文中に必ず書かれているということです。

ですから、答えを導き出すためには、まずは参照すべき箇所、つまり**「答えやヒントを問題文の中から探す」**ことが必要だということです。

このことを、ここでもう一度念頭に入れておいてください。

【I．選択式】……内容が合っているもの（合っていないもの）を選ぶ

「選択式」は、要するに問題文の内容吟味です。

それは、選択肢の文の内容が、「問題文で書かれているかどうかを判断する」ということを要求されているのです。

そこで、まずは「削除法」を使い、「内容に合っていない選択肢」を**どんどん消していきます**。この時は、必ず記号のほうに×をつけてください。曖昧な×の書き方をすると、解答用紙に書き込む際、うっかり違う記号を書いてしまうというようなミスを引き起こしますので、しっかりと自分にわかるようにつけましょう。

設問に載っている選択肢はせいぜい5つか6つです。問題文を一読しておおまかな内容が理解できていれば、まず、3つくらいは簡単に消せます。明らかに問題文の内容とはかけ離れていることが書かれているはずですので判断が容易にできます。すると、残った選択肢は、2つか3つになるはずです。

そして、**ここからが勝負**なのです。

なぜなら残った選択肢の文章は、解く人を迷わせるように、どれも問題文の言葉や

表現などを使ってもっともらしく書かれているはずだからです。

そこで、細やかな分析力が要求されます。

残った選択肢は、文中のことば一つ一つを吟味していきます。

ですから、読点（、）までで一区切りとして分析します。もし、読点（、）までが長い文になっている時には、さらにその読点（、）までの文章を半分に区切って判断します。もし読点がない場合は、自分で判断しやすいところで区切って検証しましょう。

そして、ここが大切なのですが、選択肢の文で問題文の内容と合っていないことばや部分を見つけたら、そこのところに線を引いて小さな×の印をつけておきます。

ここで×をつける時に重要なことは、**絶対に文章の手がかりの中から判断する**ことです。


必ず、これを守ってください。

「文章にないものは違う！　書いていないものは違う！」

と、こう自分に言い聞かせて情報処理をしてください。

では、次の例題を挙げて「分析の仕方」を説明します。
問題文の※の部分を根拠に、答えを導き出します。手順は以下の通りです。

【三】　次の文章は、精神科医としてクライアント（相談者）から悩《なや》みを聞いたり相談を受けたりする筆者が、その中で感じたことをもとに書いた文章です。よく読んで、後の問いに答えなさい。

［1］

クライアントにはじめてお会いした時に「どう変わりたくてここにいらしたのですか？」と尋《たず》ねますと、「普通《ふつう》になりたいです」と答える人がかなりいらっしゃいます。その気持ちは分からなくもありませんが、私はそこに、①とても寂《さび》しいものを感じます。特に日本人がそうなのかもしれませんが、「普通」になりたい人がとても多いのです。【1】「※」

この「普通」について、ポーランドの女流詩人シンボルスカは、こんなことを言っています。

なるほど、一つ一つの単語についてじっくりと考えたりしない日常的な話し言葉では、誰《だれ》でも「普通の世界」とか、「普通の生活」、

「ものごとの普通の流れ」といった言い方をします。しかし、一語一語の重みが量られる詩の言葉では、もはや平凡《へいぼん》なもの、普通のものなど何もありません。どんな石だって、その上に浮《う》かぶどんな雲だって。どんな昼であっても、その後に来るどんな夜であっても。そして、とりわけ、この世界の中に存在するということ、誰のものでもないその存在も。そのどれ一つを取っても、普通ではないのです。

ヴィスワヴァ・シンボルスカ『終わりと始まり』「ノーベル文学賞記念講演」より　沼野充義訳　未知谷

ここでも言われているように、「詩人」の目で見たときには、本来「普通」のものなど何もないわけです。

「普通」という言葉には、平凡で皆と同じが良いことなんだとか、「普通」に生きることが幸せに違《ちが》いない、という偏《かたよ》った価値観がベッタリとくっついています。つまり、「普通」になれば「普通」に幸せになれると思い込《こ》んでいるわけです。しかし、幸せというものには、「普通」はない。なぜなら、「普通」ではないのが、幸せの本質だからです。

※

（芝中学校　平成19年度入試問題）

《設問例：①》

問一　――――線①「とても寂しいものを感じます」とありますが、筆者はなぜそのように感じるのですか。その理由を説明したものとして最も適当なものを次から選び、記号で答えなさい。

ア　「普通」ではない幸せ、それこそが最高の幸せだと思っているから。

イ　違和感を覚えたり、反発しながらも「普通」を追い求めているから。

ウ　一語一語の重みを深く理解しながら「普通」を求めているから

エ　普通になれなかった自分にただ、言いわけをしているだけだから。

◎オ　平凡なもの、普通のものなど何もないと気づくことができないから。（正解）

この選択式問題を解く手順です。

まず、**①問題文を読んで明らかに違うものを消します。↓ここでは、「イ」「ウ」**

次に　**②残った選択肢の文章を読点（、）または、自分の判断しやすいところで区切ってしっかり分析します。**

「文章にないものは違う！」のでことばや言い回しに注意しながら**「違っている部分」に線を引き、×をつけます。**

＊この時は、問題文の内容と必ず照らし合わせてください。一読した時に「どのあたりに何が書いてあったのか」ということが頭に入っていると、すぐに選択肢の内容が問題文のどのあたりに書いてあったのかがわかります。そこに素早く目を走らせて内容やことばの使い方を読み比べることができたら必ず正解が選べます。

いわば、選択式の設問は②**の作業が重要なカギ**です。

②の作業の時、正しい答えを選び出すためには、細やかな検証が必要なのです。言い回し、ことば一つも見落とさず丁寧に分析することが肝要です。ある程度「読む力」を持っているお子さまにもよくあるのですが、「ああ、この選択肢の内容はこらへんに書いてあった！」と思うだけで選んでしまいがちです。しかし、それでは絶対に失敗を招いてしまいます。

受験生は往々にしてすぐにこの段階で答えを選んでしまう傾向にありますが、ここで焦らずもう一度、問題文の手がかりの部分に目を走らせて、きちんと読み比べることと、この**「丁寧さ」**が勝負の分かれ目です。

答えは**必ず問題文から引き出せます**ので、決して自分の考えや、カン、あるいは感性で**選ばない**ことです。

また、一般的に常識だと思えることが書いてあるからといって、それを安易に選ばないことです。「あくまで**根拠は問題文の中！**」

これを絶対に忘れないようにしましょう！

もしも、設問が「内容にふさわしくないものを選びその記号を書きなさい」や「内容が合っていないものを選び記号で答えなさい」というものであれば、今度は逆に、**「文章にあるものは違う！　書いてあるものは違う！」**と、自分に言い聞かせて選べばいいわけです。問題文を手がかりにして選ばなければならないこと、文章を読点（、）または自分の判断しやすいところで区切り、細部（ことばの使い方、言い回しなど）にわたって分析していくことは、今までとまったく同じです。

○×式になっているものも同様に、問題文の中でどのあたりにその設問の内容が書いてあったのかを思い出し、そこに目を走らせます。

そして、その問題文の内容に書かれていることと選択肢の文の内容が一致していれば○、違っていれば×になります。

では、選択式問題の解き方の手順をまとめます。選択式の設問は、大方「**内容が合っているものを選ぶ**」「**内容が合っていないものを選ぶ**」「○×式」の3種類になります。

これらはすべて問題文の内容を正確に読めているかどうかを試しているのです。ですから、その「正確さ」を極めるためにも決して手を抜かず、次に示した順番（Ⅰ）（Ⅱ）（Ⅲ）通りに作業を行って判断してください。

（Ⅰ）　**内容と明らかに違う選択肢の記号にすぐに×をつけて消してしまう。**

（Ⅱ）　**残った選択肢の文に書いてある内容が問題文のどのあたりに書かれていたのかを思い出し、そこに素早く目を走らせる。**

（Ⅲ）　問題文の内容と読み比べて、選択肢の文を読点（、）または自分の判断しやすいところまでで区切り、細部にわたって分析する。違っている内容、ことば、言い回しなどがあれば、そこに線を引き、小さく×をしていく。

＊最終的に**一つも×がないものが正解**です。

【Ⅱ．抜き出し式】……問題文から適切なことばや文章をそのまま抜き出して答える

この［抜き出し式］は、読解問題においてもっとも基本になるものです。なぜなら、「答え、または答えの手がかりを問題文中から**探す技術**」がそのまま活かされるからです。

＊［抜き出し式］は、特に問題文を読む力が必要となってきますので、前述しました「説明文」「論説文」「物語文」「随筆文」の『「ジャンル別問題文の読み方」テクニック』をしっかり習得するようにしてください。

まず、［抜き出し式］の問題に対応するためには、**設問自体に大きなヒントが含まれている**ことを見抜く力を持つことです。

当たり前のように思われるかもしれませんが、これこそが［抜き出し式］の問題を解く際にはもっとも必要なことなのです。

なぜなら、設問の中のヒントさえつかめば簡単に解けてしまう問題が多いからです。

［抜き出し式］の設問文に書かれていることばや表現**（同一表現）**が問題文にもそっ

くりそのまま書いてあり、それが重要なヒントになっているケースも多くあります。

特に、設問中の、――**線①「……」**という部分の文中の言葉が答えの重要な鍵になっている設問が中学入試においては頻出しています。

ですから、その重要なヒントを見逃さないためにも、もし――**線①「……」**のような部分に主語や述語があった場合は、自分にわかりやすいように○**印**で囲っておきます（ない場合は○をつけなくてもよい）。そうすると、答えの手がかりが問題文から探しやすくなります。

また、設問文中の**「関連表現」**が問題文に書かれていることもありますから、そのことをヒントとして利用し、問題文から正解を探し出すように目を走らせていくと速く正確に解けるケースもあります。ちなみに、設問文に書かれていた**「同一表現」「関連表現」**を問題文中にたどっていくと、これらの表現の含まれている文章、あるいは、その文章の近辺に「答え」がある確率は非常に高いです。

＊「同一表現」と「関連表現」は、本書の『「ジャンル別問題文の読み方」テクニック』の「説明文」「論説文」のページで詳しく解説してありますので、しっかりと頭

に入れておくようにしてください。「関連表現」の中でも特に抜き出し式の設問を解く時に役立つのが**類義表現**です。ぜひ「答えのヒント」として活用しましょう。

今までの解説をより理解していただくために「抜き出し式」の例題を挙げて具体的に解法を示します。

「設問の中のヒントに注目する」「問題文中の関連表現をたどる」または**「手がかりとなる内容を探す」**など、大切なポイントをもう一度確認しながらここに示してある解法を参考にしてください。

【一】　次の文章を読んで、あとの問いに答えなさい。

かつてキタキツネは、北海道のアイドルだった。映画やテレビでも、北海道といえば、キタキツネ。真っ白い雪原にキタキツネが□と顔を出し、こちらの様子をうかがっているような顔をする。豊かな自然の中で、人と野生動物が共存しているような空気が漂《ただよ》う。「あー、いいなぁ。日本にもまだ自然が残っているんだ」。都会の人がそう感じて、ほっとしたのかもしれない。関連グッズがつくられ、キーホルダーやおまんじゅうが売られた。絵葉書やポスターにもなった。やがてキタキツネは全国的な、みんなのアイドルとなった。

「○○幼稚園《ようちえん》には毎日、キタキツネがやって来ます。園児たちはみんなでエサをあげています」

①そんなニュースが〝いいこと〟として、世間に伝わっていった。やがて、キタキツネは人間からエサをもらうことを覚え、歴史上はじめて、人家の庭に、さらには家の中にまで入ってくるよ

うになった。

「②ウチではコンコンちゃん、と呼んでいるんですよ。毎日来て、もうウチの子みたいですね」

こんなすばらしい生き物はいない、といった口調で、キタキツネと人との〝触《ふ》れあい〟が＊1喧伝《けんでん》された。

A
しかし一方では、キタキツネの写真を撮《と》っていたカメラマンの、「子ギツネのエサに何をくわえていったと思います？　その家の飼い猫《ねこ》ですよ」なんていう話もあった。

キタキツネがアイドルになるにつれ、エサをあげる人が増え、キタキツネの数は増えていった。その数は、北海道に残っている自然の中で生きていけるキタキツネの数をはるかに上回っていった。［　　　］、倍以上の頭数になったのではあるまいか。多い分は、いわゆるノラのキツネである。飼主《かいぬし》がいるわけではないが、人間が養ってしまっている状態のキツネだ。

そんなとき、エキノコックス症《しょう》が発生した。エキノコックス症

（明治大学付属中野中学校　平成19年度入試問題）

はキタキツネのフンの中に入っている寄生虫の卵が原因である。その卵が他《ほか》の動物の体内に入って＊2増殖《ぞうしょく》すると、＊3肝《かん》機能障害を起こして死んでしまう。人間にも感染《かんせん》することがあるが、手洗いさえすれば予防できる。

旭山《あさひやま》動物園のゴリラとワオキツネザルがエキノコックス症で死んだ、というニュースは北海道では大きく取りあげられた。一九九四年のことだ。当時は、この病気のことが正しく知られていなくて、人から人へも感染すると誤解されていることなどもあった。エキノコックス症は、「キタキツネのフンの中に入っている寄生虫の卵が原因だ」というニュースが流れたとたん、③みんなの態度がコロッと変わった。

「キタキツネは危ない」「こんなに恐《おそ》ろしい生き物だとは知らなかった」「キタキツネなんか、追いやってしまえ」

幼稚園では外で子供たちを遊ばせなくなった。キタキツネがどこでフンをしているか、わからないからである。役所には、連日のように「キタキツネを駆除《くじょ》してくれ」という電話があったそうだ。

ぼくは本当に悔《くや》しい思いをした。キタキツネに申しわけないと思った。

B
C

昨日までは、「かわいいコンコンちゃん」といって人間の感情を一方的に押《お》しつけていたのに、今日からは、「なんて恐ろしい動物なんだ。駆除してしまえ」ではあまりに身勝手だ。かつて、ぼくたち日本人は、野生動物ととてもいい関係を築いてきたのではなかったのか？

それは、お互《たが》いに〝干渉《かんしょう》しない〟という関係である。人間はズカズカと野生動物の領域に入っていかなかった。一方的な感情移入もしなかった。だから、エサをやったり〝かわいい〟と思ったりもしなかった。彼らは、あくまで〝彼ら〟だった。エキノコックス症だって、ぼくらがキタキツネを人間の領域にまで引きずり込《こ》

（明治大学付属中野中学校　平成19年度入試問題）

むようなことをしたから、彼らのフンがぼくらの周りに落ちるようになり、それに人間が触《さわ》ると病気になる事態が出てしまったのだ。もともと、彼らに干渉しなければ、こんなことにはならなかった。

こうした野生動物のアイドル化は、ますます加速しているように、ぼくには思える。多摩川《たまがわ》のタマちゃんも人気アイドルだった。しかし、いくらぼくたちの価値観でタマちゃんを愛しても、そのことが自然や彼らを守ることにはつながらないのではないか。川を転々とするうちにいつの間にかみんなの興味は別のものへと移っていった。

もう野生動物をペット的に見るのはやめよう。彼らには、彼らの生き方がある。人間の一方的な感情で彼らを見ないで、ありのまま、タマちゃんの都合でいいではないか。

お互いに干渉しあわない。野生動物と人間が共存できるとすれば、このルールを人間が守ることだ。野生動物は、人間が［　　］限り、きっちりとこのルールを守っている。

「野生動物をペット的に見るのはやめよう」。その考えを完全にひっくり返してくれたのが、最近の動物番組である。野生動物を徹底的《てってい》に、これでもか、と愛玩《あいがん》化して見せているからだ。ぼくの主張からすれば、［　　］賛成できるものではない。日本人の「動物好き」をしっかりと分析《ぶんせき》し、受けをねらった＊4確信犯に思えた。

「ＩＵＣＮ（国際自然保護連合）＊5レッドリスト」によれば、チンパンジーは絶滅《ぜつめつ》危《き》惧《ぐ》種《しゅ》に指定されている。つまり、絶滅の危険に直面している動物で、大切なぼくらの財産である。そのチンパンジーに、洋服を着せ、犬と一緒《いっしょ》に買い物に行かせる。その見せ方は、チンパンジーに対して敬意を抱《いだ》くとか、彼らのすばらしさを訴《うった》えるとか、そういう意図はまったく感じられない。あくまでペットとして、犬がチンチンをする、お手をするのと同じ感覚

（明治大学付属中野中学校　平成19年度入試問題）

で見ているとしか思えない。チンパンジーという生き物をありのままに見せるのではなく、完全に擬人化《ぎじん》をして「へぇ」といわせる切り口である。それは、世界の野生動物保護の潮流とはまったく逆に進んでいることだ。

あの番組をはじめて観《み》たとき、ぼくには野生動物をペット化して見せる番組が成りたつこと自体、信じられなかった。外国の＊6メディアが知ったら、＊7憤慨《ふんがい》して抗議《こうぎ》をするだろうな、と思った。

さらにはタレントが出てきて、いろいろな動物を「飼ってみよう」という趣旨《しゅし》のコーナーがある番組もあった。いろいろな動物とは、つまりは野生種である。コアリクイやシロテテナガザル、レッサーパンダなどを家で飼うというのである。

こんなことをするなんて！　彼らに申しわけない！

ぼくは体が震《ふる》えるほどに激しい怒《いか》りを感じた。

子グマなんて、まだ目が開かないときに親から取りあげたのだと思う。番組のために取りあげたのかどうかは知らないが、ぼくは悔しさで思わず、自分の目を覆《おお》った。まだ＊8刷りこみが行われていない赤ちゃんのときに、親から取りあげるから、ああやって人になつくのである。冬眠《とうみん》の穴から出てくるまで親につけておけば、子グマは野生として生きることを刷りこまれるから、他の動物（ヒト）に触られることを拒否《きょひ》する。

「人になれるのなら、それでいいじゃないか。クマをペットにすればいい」などと乱暴なことをいう人がいるかもしれない。しかし、そういうわけにはいかない。クマは単独生活をしている。＊9親離《おやばな》れしたら親でもライバルになる。あの子グマは一歳《いっさい》、二歳くらいまでしか、人間とはいられないだろう。それ以上、一緒にいたら人間が殺されるからである。つまり、そういう生き物であることを承知の上で、子グマでいるときの、ほんの短い間の〝かわいい〟時期を切りとっているのだ。

〝かわいい〟クマなんて、いない。クマはペットではないからだ。

（明治大学付属中野中学校　平成19年度入試問題）

クマにはクマの生き方がある。子グマを飼うなんて、とんでもなく＊10常軌《じょうき》を逸《いっ》した行動だ。

ぼくがなぜ、こんなに憤慨しているのかというと、環境《かんきょう》を守るとか、自然を大切にするといった気持ちは、身近なことの積みかさねだと思うからである。ああいう番組を見た子供たちは、「子グマってかわいいね」「クマは人になつくんだ」と思ってしまう。そういう感覚が積みかさなっていくと、④大自然の中でクマを見たときに、「エサをあげよう」「もっと近くで写真を撮ろう」と思う感性を育ててしまうのではないか、と心配するからだ。失われていく自然や野生動物に対して、ぼくらは鋭《するど》い感性を育てていかなければいけない。とくに若い世代に期待していかなければ、二度とぼくらは美しい地球を見られなくなる。野生動物も絶滅の危機から救えなくなる。チンパンジーを絶滅させてしまったら、もう二度とチンパンジーは見られないのだ。だからこそ、ぼくらは直感力を養っていく必要がある。「ピンと来る」ってヤツだ。

自然環境に対して、「ピンと来る」かどうか、それが大切だと思う。

D 野生動物をペット化する感性を養ってしまったら、ぼくらは深い深い迷路《めいろ》に迷い込むだろう。多くの野生動物を絶滅させてしまうかもしれない。「野生動物とペットは違うんだ。野生動物には彼らなりの生き方がある」という直感力を養うことは、それくらい、重要なことだとぼくは思っているのだ。

（坂東　元の文章よる）

〈語注〉

＊1　喧伝＝さかんに世間に言い、伝えること
＊2　増殖＝増えて多くなること
＊3　肝機能障害＝肝臓のはたらきぐあいが悪くなること
＊4　確信犯＝初めからその行いが悪いこととわかっていて、それを行うこと
＊5　レッドリスト＝世界の絶滅のおそれのある生物種の一らん表
＊6　メディア＝放送局や新聞社などの組織のこと
＊7　憤慨＝ひじょうに腹を立てること
＊8　刷りこみ＝動物の子が自分と最初に接した動物を親と思うこと
＊9　親離れ＝子供が親からはなれて独立すること
＊10　常軌を逸した＝異常な

（明治大学付属中野中学校　平成19年度入試問題）

問一――線①「そんな**ニュースが**〝いいこと〟として、世間に**伝わっていった**」とありますが、これは何が「〝いいこと〟」なのですか。本文中から十五字以内でぬき出しなさい。

→

問題文 A の部分を参照

設問――線①の主語・述語（太字になっている部分）に○印を付けて答えを探す手がかりにします。

そして「何を答えるのか」、重要な部分に線を引きます。

「抜き出し式問題」は設問自体に大きなヒントがあります。

問題文を読むと、「**ニュース**が**伝わる**」と**関連している表現**（**類義表現**）を使った文章がすぐに見つかります。

・主語＝ニュースが
・述語＝（世間に）伝わる

↓

喧伝する ＝（類義表現）

その文章には、「キタキツネと人との〝触れ合い〟が喧伝された」と書かれています。
従って答えは、「キタキツネと人との〝触れ合い〟」です。

問二 ――線②「ウチではコンコンちゃん、と**呼んでいる**んですよ」とありますが、これを筆者はどのようなものととらえていますか。次の文の□にあてはまる言葉を本文中から八字でぬき出しなさい。
〔人間の□。〕

→

問題文 B の部分を参照
設問の中にヒントがあります。
まずは問題文を読む時（目を走らせる時に）「コンコンちゃん」という**関連表現**（**同一表現**）をたどります。
すると、「かわいいコンコンちゃん」といって人間の感情を一方的に押しつけていたのに……という文章が目に入ります。

ここがヒントです。筆者は、人間が一方的に感情を押しつけてキタキツネをコンコンちゃん、などと呼んでいる、ととらえています。

この内容を問題文中から八字で探します。　←

すぐ後ろに**「一方的な感情移入」**とあり、これが答えになります。　←

> 問三　――――線③「みんなの**態度が**コロッと**変わった**」とありますが、具体的にどのように変わったのですか。変わる前と後の状態が述べられている一文をぬき出し、その初めの五字を答えなさい。

問題文 C の部分を参照　→

設問文の中にヒントがあります。

まず問題文から、みんなのアイドルとしてエサをもらっていたキタキツネが、エキノコックス症の発生が原因で駆除されそうになる変化に注意します。

設問――線③の主語＝（みんなの）態度が
述語＝（コロッと）変わった

↓

態度が「変わる前」と「変わる後」（つまりコロッと急変した）部分を探し出します。

↓

すると、「昨日までは……のに、今日からは……ではあまりに身勝手だ」という文章にたどりつきます。

↓

設問の条件は、「一文の初めの五字」ですから、答えは「昨日までは」となります。

問四 ―――線④「大自然の中でクマを見たときに、『エサを**あげよう**』『もっと近くで写真を**撮ろう**』と**思う**感性」とありますが、これを言いかえている部分を本文中から十五字以内でぬき出しなさい。

→

問題文 D の部分を参照

設問―――線④の2つの述語に注目します。

・(エサを) あげよう

・(写真を) 撮ろう

←

この内容の**類義表現**は「ペット化する」です。

設問の条件は、「言いかえている部分」をぬき出すことですから、末尾の「感性」という言葉に注意しながら問題文中から探します。

ここではクマについていっていることにも注意します。

「クマ＝野生動物」(**関連表現**) ですから、

答えは、「野生動物をペット化する感性」となります。

【Ⅲ．記述式】……設問に対する答えを自分で記述する

この形式の問題を制覇することは、上位校を狙うなら頻出度の高さからして必須条件です。また、最近は年を追うごとに「書く力」のある生徒が欲しいという学校側のメッセージなのか、どの中学校でも［記述式］の問題が頻出する傾向にあります。それに加えて、特にこの［Ⅲ記述式］問題は、まず間違いなく［Ⅰ選択式］や［Ⅱ抜き出し式］よりもずっと配点が高くなっており、国語で高得点を稼ぐためにはとても重要です。しっかりと記述のテクニックを磨きましょう。

［記述式］の問題には、次の2種類があります。

（1）要約型……問題文中のことばや、文章の一部分を材料にして記述する

（2）非要約型……問題文を読み取り、その内容を手がかりにして、自分のことばで記述する

記述式の設問は、「要約型」であれ「非要約型」であれ、**問題文の内容からその答えを導いていく**、ということが原則です。ですから、自分の感性で問題文を読んだり、自分独自の考えを記述しようとするとまず間違いなく失敗してしまいます。

「要約型」も「非要約型」も、とにかく重要なことは、問題文の中から設問の**答えの手がかりをきちんと捉《とら》えること**です。

では、(1)「**要約型記述式問題**」から解く手順を説明します。

まず、第一に行わなければならないことは、**記述式問題の答えを書くための材料となる部分を問題文中から探す**、ということです。ここでは、やはり、問題文を速く正確に読み取る力が必要となりますので、再度本書の『「ジャンル別問題文の読み方」テクニック』のページを参照し、活用してください。

では、以下に解法とその手順を示します。

①問題文を一読し、**どのあたりにどんなことが書かれているのか**を頭に入れる。　←

②設問文を**心の中で音読**し、重要な箇所に**線**を引き、「何を答えるべきなのか」ということをしっかりと把握する（傍線解釈が必要な場合は、設問の主語・述語に、特に注意をする。この部分はきちんと○で囲んでおく）。　←

＊『「設問文の読み方」テクニック』を参照してください

③再び問題文に目を戻す。文章に目を走らせ設問が要求している**答えの手がかりとなる部分を探す**。（これは、①の一読でどれだけ問題文の内容、つまり「どのあたりにどんなことが書いてあるのか」を捉《とら》えているかが、スピードと正確さの決め手になります）　←

④ 手がかりを捜し当てたら、**その部分の文章の上にアーチの印**をつけ、**アーチの上に設問の番号**を書いておく。アーチをつけた部分で答えの材料となりそうな文章にはすべて**線**を引いておく。

←

⑤ 再び設問に目を戻し、「答えの手がかり」がそこでよいかどうかを確かめたら、自分で**アーチと線をつけた部分を材料にして**記述をしていく。

←

⑥ 答えを書いたら、設問が要求する答えの形に合わせる。まずは、自分が記述をした文章の**文末表現**を合わせる。

【文末表現を設問に合わせた答え方の例】

1．「なぜ――なのかを説明しなさい。」
←「――から。」

2．「――とはどのようなことですか。説明しなさい。」
←「――こと。」

3．「このときの――の気持ちを六十字以内で説明しなさい」
←「――という気持ち。」

⑦設問で字数制限を要求されている場合は、必要に応じて修正を加えながら、設定された通りの字数にするよう自分の書いた答えの文章を調整していく。

まずは、重複している言葉や表現の部分がないかどうかを確かめて、あったらどちらか一方を削る。長い言葉を短い言葉に置きかえられる時は入れ替えてうまく字数を減らしていく。

逆に、自分が答えを書き終えた時点で、解答用紙の升目がたくさん余ってしまった場合は、記述した内容が不足している可能性が大きいので、書くべきポイントをもう一度問題文の中で確認し、内容を補充する。

◎修正の仕方

【1】削除……・字数がオーバーしてしまいそうであれば、重複している言葉や表現がないかどうかを確認し、あればそこを削る。
・長い言葉を短い言葉に入れ替えて字数を減らす。

◆重複している表現を削除する例

《削除する前》

由紀は、弟が大好きで弟に愛情を持ちいつも仲良くしてかわいがっていたのであるが、腹だたしいことに父や母が身体の弱い弟ばかりに関心を持って自分がのけ者にされているように感じる時があり、時どきひがんで怒っていた。（103字）

↓

・「大好きで」と「愛情を持ち」はほぼ同じ意味なので、どちらかを削除する。

・「仲良くして」と「かわいがっていた」はほぼ同じ意味なのでどちらかを削除する。

・「腹だたしい」と「怒る」はほぼ同じ意味なので削除する。

・「時があり」と「時どき」は同じ意味であり、重ねて使うと不自然なので削除する。

↓

《重複している表現を削除したあと》

由紀は、弟が大好きでいつもかわいがっていたのであるが、父や母が身体の弱い弟ばかりに関心を持って自分がのけ者にされているように感じる時には、ひがんで怒っていた。（78字）

◆ことばの入れ替えの例

《ことばを入れ替える前》

先生に自分の研究しようとしていることについては、きちんと調べなければならないと言われていたから。（48字）

・「研究しようとしていることについて」ということばを「研究課題」に書きかえる。

・「きちんと調べなければならない」ということばを「調査する」に書きかえる。

・「～と言われ」を「指示され」に書きかえる。

↓

《ことばを入れ替えたあと》

先生に自分の研究課題を調査するように指示されたから。（26字）

＊同じ意味を持つことばと入れ替えているので文章の内容は変わらない。

【2】付加……説明不足の文章にならないように言葉や内容を付け加える

・「主語」「述語」をなるべく導入して採点者にわかりやすい文章を書く。
・解答の文には、なるべく指示語を使わない。

〔例〕
《指示語を入れてしまっている文》
それを母に知られたら、しかられると思ったから。
↓
《指示語を使わずきちんと内容を説明している文》
大切な花瓶を割ってしまったことを母に知られたら、しかられると思ったから。

＊指示語を使って記述すると読み手にわかりにくくなります。問題文から答えの手がかりを探した「材料となる文章」に指示語がある場合は、必ず内容を具体化して書いておくことが大切です。

読み手にわかりやすく書くことは、記述をする上で重要なポイントです。

＊記述をする際に重要なこと

（Ⅰ）答えの手がかりとなる部分を正確に探す。

ここをはずしてしまうと必ず記述内容も間違っているものになってしまいます。

（Ⅱ）記述するべきポイントは、すべて書く。

設問が要求している記述のポイントは一つだけとは限りません。問題文中のあちこちに答えの手がかりがあり、そのポイントが全部書けていないと「何点かマイナス」される場合がありますので気をつけましょう。書かなければならないポイントは**すべて材料として使う**ことを忘れないようにしてください。

（Ⅲ）記述する文章の主語、述語、目的語、修飾語の位置に気をつけて書き、文法的におかしな日本語で書かない。

文法的な誤りがあると記述した内容が正しくても点数がマイナスされてしまいます。必ず読み直して確認しましょう。

（Ⅳ）一文をできるだけ短い文章にまとめる。

「記述式」の設問においては、書くべきポイントを全部盛り込まなければなりません。書く内容が頭の中で盛りだくさんになると、どうしても答えを書き綴《つづ》っているうちに長い文章になってしまいます。一文を長くするとどうしても文法的なミスが連発して、ヘンテコリンな文章になってしまいがちです。すると、それがマイナス点に結びつき、もったいないのです。

ですから、書くべきポイントの一つ一つを短い文章にまとめていくことです。すると、文法的にもミスが生じるリスクが減りますし、いざ、誤りに気付いた時にその部分だけを消して書き直せますので、時間の節約にもなります。そして、その短文を接続詞でつなぎ合わせてまとめていきます。

そうすれば、文法的なミスがなくなり、しかも、自分の考えを整理しやすくなるので、自然と読み手にわかりやすい文章が書けます。

〔例〕

× （ダメな書き方）

＿＿＿ので＿＿＿だが＿＿＿。

→ ※ダラダラとした長い一文でまとめている

○ （よい書き方）

＿＿＿。したがって、＿＿＿。しかし、＿＿＿。

→ ※接続詞を使い、3つの短文でまとめている

（V）要約型記述式の設問の場合は、答えの手がかりを問題文中から探し出したら、**なるべくその部分の文中のことばを使ってまとめていく**。

答えを記述する際には、その根拠を必ず問題文に求め、文章の内容に則して書かなければなりません。問題文の内容から離れずに書くためにも、できるだけ文中の大切なキーワードを材料として使うのだ、という意識を持ちましょう。

では、次に（2）「**非要約型記述式**問題」について説明します。まずは、この形式における設問の代表的な例題文を挙げます。

・「あなたの考えをまとめなさい」
・「そのことについてどう感じますか」
・「自分のことばで説明しなさい」
・「あなたの経験をふまえて書きなさい」
・「現代の社会のできごとと結びつけて自分の考えを説明しなさい」

これらの設問に線を引いた部分を読んでみてください。すると、一見、自分の感性で、独自の考えをそのまま書き綴《つづ》ってもいいように思えてしまいますね。

けれども、たとえこのような言い回しの問われ方であっても、決して問題文の内容から離れて書いてはいけないのです。

あくまで、**問題文の内容から、記述するべきポイントを探り当て**、そこを踏まえて自分の感じたことや考えを述べていかなければなりません。社会のできごとと結びつける場合も肝心な問題文の内容を無視して書くことは許されません。

そこで、**「非要約型」**の記述式問題も、「設問が要求していることは何か」ということを把握し、まずは、必ず問題文の中からその要求されている**答えの手がかりとなる部分を探します**。

そして、**「答えの手がかり」**を捉《とら》えたら**アーチ**の印と**設問の番号**を文章の上に書き、**その部分をもとに**「自分の考え」や「感じたこと」、あるいは「社会のできごと」などと結びつけて書きましょう。

手順は、**「要約型」**の記述式問題と同じです。

（①、②、③、④、⑤、⑥、⑦）の順番通りに記述の作業を行ってください。

ただし、**「非要約型」**の場合は、⑤の部分が少し**「要約型」**と異なります。

「非要約型」の記述は、ただ単に問題文中の材料をそのまま使って文章を組み立てるという単純なものではありません。

「問題文の内容に基づいて」というのは、大原則ですが、あくまで設問で要求されていることをふまえて文中から答えの手がかりを探し、**それを材料としてさらに「自分**

の考え」や「感じたこと」を加えながらまとめる必要があります。ようするに、「**非要約型**」の記述問題においては「問題文中からの**答えの手がかり**」＋「**自分の考え**」が材料になります。

それでは、さっそく本書で示した「記述式問題」の解法を使い、手順通りに実際に問題を解いてみましょう。

ここでは例題として「要約型」＝問一と、「非要約型」＝問二の解法を示します。まずは問題文を一読し、「どこにどんなことが書いてあるか」を頭に入れてください。それから解法を手順通りに理解してください。

①

●次の文章は、室生犀星《むろうさいせい》「鉄の死」（昭和九年）の全文です。これを読んで、後の問いに答えなさい。答えは、すべて解答用紙のワクの中（※編集部注＝たて・横の寸法×行数で示した）におさまるように書きなさい。

虎《とら》の子に似ていたブルドックの子どもは、鉄といい、てっちゃんと呼ばれていた。のそのそとものぐさそうに歩いてうれしい時はいつも一声だけ吠《ほ》えた。

鉄は、もう一頭いるゴリという土佐《とさ》ブルと時々格闘《かくとう》をした。土佐ブルは鉄の二倍くらい大きさがあって、格闘するごとに耳のつけもとを食い破られ、そのため耳のつけもとの毛が生えないで、つるつるにはげていた。負けるくせに辛抱《しんぼう》づよく闘《たたか》う鉄は、引き分けてやっても闘いを挑《いど》んできかなかった。

ゴリは純粋《じゅんすい》の闘犬《とうけん》であった。僕《ぼく》はゴリと鉄とが顔を合わさないように、ゴリは裏口に、鉄は表門につないでおくようにしていた。しかし、運動に連れ出す時に顔を合わすので、時にはお互《たが》いに知

アーチ（答えの手がかり）の中で
今度は答えの材料として使えそうな文章すべてに線を引く

「答えの手がかり」の部分にアーチと設問の番号を書く
（問一の手がかりなので①と書き込む）

らん顔をしていることもあったが、両方の目が正面から見合うような時にその日の機嫌《きげん》の具合で、目の光がかち合ったなと思うともう、一つの塊《かたまり》になり、塊のなかから唸《うな》り声と、体と体とのもみ合う動物的な重い音とが続くのであった。鉄はいつも下敷《したじ》きにされていたが、弱っても我慢《がまん》づよくさけび声をあげなかった。

それでいて仲のよい時は、二頭とも僕に連れられて運動に出た。鉄の方は鎖《くさり》から放してゴリは綱《つな》で引いてゆくのだが、鉄はそんな時にわざと子供のようにあまえていた。大森谷中《おおもりやなか》に住んだ四年の間、僕は毎日夕方と朝との一時間をどぶ川の土手伝いに、この犬たちと散歩しない日はなかった。どこの家の庭に万作《まんさく》の木があって春になると咲《さ》くとか、どこの家の女の子供は朝学校に出る時きまって泣くとか、どこの家は女ばかり住んでいてそのなかで一番美しい女が主人であるとか、どこの家に筧《かけい》（庭に水を引く風流なしかけ）があって夏になると涼《すず》しい水音が滴《したた》るとか、どこの家に柚子《ゆず》の木や柿《かき》の実がなってみごとであるとかいうことを、僕はいつの

（開成中学校　平成19年度入試問題）

まにか覚えていた。どぶ川には川エビや鮠《はや》の子のようなものがいて、昔は大森谷中も大沼《おおぬま》であったことなど、僕の散歩に風景的な背景を考えさせていた。

僕は大森馬込《おおもりまごめ》の奥《おく》に小さい家を建てて、沼地《ぬまち》の谷中の町から去年の春に引《ひ》っ越《こ》して行った。鉄とゴリ、ほかに黒い猫《ねこ》が一ぴき、僕らの荷物といっしょに馬込の新しい家に連れて行ったが、猫は二日もたたない間に前の貸家に行き、人気のない畳《たたみ》にさす春の陽《ひ》のなかにうずくまっていた。何度連れて帰ってもやはり前の家をたずねて行き、食事も新しい家ではしなかった。僕は庭をつくるために鉄やゴリの運動をさせることができなかったが、ある日鉄の姿が見えず、前の家に人をやってみると、そこの庭先のもと彼《かれ》の犬舎のあったところに、昔の夢でもさぐり当てるように温かくほかほかと眠《ねむ》っていた。

黒猫はひと月も帰って来ない間に、鳶《とび》のような鋭《するど》い目の光をもち、のら猫のずるい逃《に》げ足と疑い深い心をもつようになり、女房《にょうぼう》や女中が連れに行っても馴染《なじ》みを逸《そ》れた素っ気ないふうをした。僕はそんな猫ならうっちゃっておけと言ったが、古い家や古い庭やくぐり慣れた垣根《かきね》を慕《した》う、執念深《しゅうねんぶか》い畜生《ちくしょう》の心を悲しまざるをえなかった。食物も食わないまでに古い居慣《いな》れた家になじむ、そういう義理堅《ぎりがた》い変わらない心も何か僕に応《こた》えるものがあった。

ある生暖《なまあたた》かい更《ふ》けてから暴風雨に変わった晩が明けて、朝の食物をやろうとすると鉄もゴリも犬舎のなかにいなかった。ゴリは鎖の結び目から鎖を切って行ったのだ。昨夜のはげしい雨のなかに出かけるからには、やはり前の家にちがいないと思い、行ってみると二頭とも縁《えん》の下に喧嘩《けんか》もせずにぬくぬくと眠《ねむ》っていて、茫々《ぼうぼう》たる春夜を守りつづけていた。

しかし、二三ヶ月もたつと前の家に行くようなことがなくなったが、黒猫《くろねこ》だけはとうとう帰らなかった。やせ衰《おとろ》えた皮と骨との体を支えて、依然《いぜん》、古い家のまわりをうろついていた。それは死

（開成中学校　平成19年度入試問題）

を賭してもなお猫は猫の性格と伝説のなかをさまよわねばならないものを持っているらしかった。猫をあわれむ女房《にょうぼう》や子供たちは、最後に視力も衰え果てた黒猫を連れに行ったが、名前を呼んでみても、不思議そうに女房や子供たちをながめるだけで、すぐそばに寄りつこうともしなかった。その目はやっと古い飼い主を見定めるくらいで、それも、うろ覚えに近いうさんくさい目つきにすぎなかった。子供たちもしまいに思い切ったが、女はそうは簡単にゆかなかった。しかし、黒猫の方で来ないのでどうにも呼びようもなかった。

鉄はつないでなかったので馬込《まごめ》の町をよくぶらぶら歩いていた。小学校への通路になっている大通りで生徒たちはみんなこの「てっちゃん」を覚えていた。鉄はみんなから呼びならされていたが、それでいてそばに行こうともしないでブルドック特有のゆったりとした、肥《ふと》ったからだを運ぶような歩きようをしていた。それほど人には慣れている鉄は別種の犬と行き合うと、すぐ格闘《かくとう》を挑《いど》んで行き、いつも血だらけになり馬込街道《まごめかいどう》のほこりを立てていた。そういう時、生徒たちの一人がすぐ僕《ぼく》の家にかけ込んで、僕を呼びに来るのであった。素人眼《しろうとめ》に恐《おそ》ろしく見える格闘も僕には何でもなかった。僕は鉄を喧嘩《けんか》から引き放し、彼《かれ》の頭をなでながら、小言を言うのであった。弱虫のくせに喧嘩ばかりしやがって。骨を折らすじゃねえか。鉄はそんな時、悲しそうに首を垂れて、謹慎《きんしん》（つつしみ）の意志を表していた。

そういう鉄ではあったが、ゴリには勝ち目がなかった。どうかすると一週間に一度くらい格闘をやり、そのたびに鉄の耳もとの例のはげのところが食い破られていた。これは何とかしなければなるまいと相談したが、なかなか獰猛《どうもう》な顔つきの土佐《とさ》ブルのもらい手はなかった。二三人の人が来て一瞥《いちべつ》する（ちらっと見る）と、こんな恐ろしい犬は困ると言って引き取ってくれなかった。そのうち、ある学校の教師で犬好きな人がいて、その人にくれてあげることにした。一、馬や牛を見ると飛びつくこと。二、九尺くら

（開成中学校　平成19年度入試問題）

い（約三メートル）の石垣《いしがき》を飛び越《こ》えること。三、同類に食いついたら放さぬこと。そういう時は首を絞《し》めて息を止めること。四、自動車に飛びつくこと。五、猫を見ると食い殺してしまうこと。だから、猫には一切《いっさい》近づけぬこと。そういう細々とした注意書きをして僕は四年間朝夕をともに散歩をしたゴリに別れた。一つは鉄がいつもひどい目に会うので子供や女たちから、それではかわいそうだからという抗議《こうぎ》が原因していたが、別の意味でこの大型の犬の運動は僕には重荷でもあった。手入れをするだけでも二頭で一時間はかかった。

鉄はひとりになるとさびしそうだった。犬はときどき格闘をさせないと人間に食いつくようになると言われているほどだから、どこかたくましさがぬけ落ち、気ぬけのしたようなところが平生の鉄のもの憂《う》い調子の間に現れた。そのはずだった。四年の間に月に三度あて格闘していた相手がいなくなったのであるから、生活的には張りがなくなったも同様であった。彼はボンヤリと寝《ね》てばかりいて、何も面白《おもしろ》いことがなさそうであった。僕が彼を呼んでみて、どうだい兄弟、やはり食いつかれていた方がよいか、とつぶやきながら、例のはげのところをなでてやると、鉄は悲しそうに首をさしのべていた。はげは、四年間の間に無数の傷あとを残し、完全に毛が生えていなかった。ある時は化膿《かのう》し、ある時は手術をして手当てをした傷だった。しかし、多少ひどい目に会っても鉄は友だちが欲《ほ》しいらしかった。僕にその気持ちがわからないではなかった。

ある暑い六月の末に、鉄は朝からだるそうに寝《ね》てばかりいて、呼んでもすぐには起きなかった。みんなは鉄が少し変だと言っていたが食事は一切《いっさい》しないで、涼《すず》しい木陰《こかげ》で荒《あら》い息づかいをし、胸がまるで風船玉のようにふくれたり縮んだりした。これは食あたりかもしれないと思い、食物を調べたが中毒するようなものでは

（開成中学校　平成19年度入試問題）

「答えの手がかり」の部分に
アーチと設問の番号を書く
解答の材料になる文に線を引く

②

なかった。犬猫《いぬねこ》病院のお医者に見せると、これは心臓なんかめちゃくちゃだと言い、ブドウ糖とカンフルとを注射した。多分、猛烈《もうれつ》な中毒症状《しょうじょう》であろうということであった。命は取り止めることができるかどうかと言うと、医者は多分だめでしょうと言った。これまでたびたび鉄ちゃんを診《み》たが今度ほど重態なことがないと、たびたび手にかけた医者が言った。

――まあ、あきらめてもらいましょうか。

僕《ぼく》は体温を測ってみたが、七度七分くらいしかなかった。夜中になるとそういう重い病気のくせに、通りに出て、通りから入った大工の普請《ふしん》小屋の鉋《かんな》くずのなかに寝ていた。

――死に場所をえらんでいるのか。

その翌晩も出て行ったが、もう歩く元気がなく家の横手の草原のなかに寝ていた。鉄は広い人気のないところに行って勝手に寝ていたいらしく、人間がうるさそうな気配をして見せた。それは分かりすぎるほど僕に分かっている気持ちだったから、僕らはただながめているだけで、言葉を出さないでいた。四日目に医者は多分今晩くらいでしょうと言った。口のなかに黄疸《おうだん》の症状が現れ、心臓は依然《いぜん》めちゃくちゃだった。これは心臓に虫が蝟集《いしゅう》している、犬には恐《おそ》ろしい病気かも知れない。中毒ではないかも知れぬ、その証拠《しょうこ》には体温が上がらなかった。

翌朝、僕は五時に起き勝手（台所）に行ったが、ゆきが戸を外しながら泣いていた。鉄はまだやわらかい温かいまま死んでいた。子供たちは前の晩に鉄が死んだら死骸《しがい》を見せてくれるなと、僕にたのんでいた。だから、僕は木箱のなかに入れて風呂敷《ふろしき》に包み、いつでも寺に持って行けるようにしておいた。気がつくと死骸からはい出したダニが一ぴき、朝の涼しい土の上を歩いていた。僕はそれを静かに見ていると鉄の死んだことを、どういうふうに家の者に話そうかと考えた。

ゆきは木箱に入れてしまってからも、まだ泣いていた。僕は四年前の春寒いころに松屋《まつや》（デパートの名前）の屋上で支払《しはら》った二十

（開成中学校　平成19年度入試問題）

②

円の金を思い出し、その虎《とら》の子に似たブルドックの子どもを自転車につけて、僕の家に届けてくれた配達夫の顔を思い出した。それから二日目にディステンパー（命取りになりかねない、幼犬特有の病気）にかかり入院させた時に、例のお医者が今度と同じような言葉で、まああきらめてもらいましょうかと言ったことを頭にうかべた。**問二** あの時も今度も同じことを言ったじゃないか、と僕は自問してみた。ディステンパーが治ってから毎晩、鉄は湯たんぽを犬舎のなかに入れてもらい、湯たんぽに抱《だ》きついて寝ていた。そのころいた女中が縁側《えんがわ》でその湯たんぽを入れながら言う声が、僕の耳にまだ記憶《きおく》を残していた。

――お温《あった》かにしましたからお休みなさいな。

家の者がみんな起きて出て、鉄の死んだことを知ったが、子供たちは別に何とも言わずに行った。出がけに、早くお葬《とむら》いをしてやっておいてちょうだいと言った。見ることも聞くこともいやであるらしかった。

※問二は「答えの手がかり」としてアーチをつける部分が2箇所あります

（開成中学校　平成19年度入試問題）

問一　筆者（「僕《ぼく》」は、初めに「鉄」をどのような犬として描《えが》いていますか。本文中の大森馬込《おおもりまごめ》に引《ひ》っ越《こ》すまでの部分に書かれていることばを用いて、わかりやすくまとめなさい。（たて185ミリメートル・横10ミリメートル×3行）

→

【要約型記述式問題】

（1）まずは問題文を一読し、「どこにどんなことが書いてあるのか」を把握します。

（2）設問を心の中で音読して重要な部分に線を引き、「何を答えるべきなのか」を頭に入れます。

（3）問題文に再び目を戻して「答えの手がかり」を探します。

設問の条件は
（何を答えるべきか）
↓
・「鉄」をどのような犬として描いているか。
・大森馬込に引っ越すまでの部分の文中のことばを用いる。

← 答えの手がかりを探す

（4）まずは、問題文中で「大森馬込に引っ越すまでの部分」を探します。次に、「鉄を描いている部分」を探します。数箇所あります。探したら、アーチと設問の番号①を文章の上に書き込んでおきます。
そこが解答する時の手がかりとなる文章になりますので、材料として使う文章には全部線を引いておきます。

（問題文アーチ①を参照）
（5）線を引いた文章を使って記述します。
解答の材料
↓
記述するべきこと

・のそのそとものぐさそう
・時々鉄より二倍くらい大きいゴリと格闘しては、耳のつけもとを食い破られていた
・負けるくせに辛抱づよく闘った
・いつもゴリの下敷きにされていたが、弱っても我慢づよくさけび声をあげなかった
・仲のよい時は、ゴリにわざと子供のようにあまえていた

《解答例》

いつものそのそとものぐさそうにして、仲のよい時はゴリに子供のようにあまえていた。しかしその一方で自分の体より大きいゴリと格闘し、常に負けて、耳のつけもとを食い破られてもさけび声をあげなかった。そんな辛抱づよい一面を持つ犬として描いている。

→

（6）自分が記述したものを設問が要求する答えの形に合わせます。

・設問の文末表現↓「～として描いていますか」と問われているので

・解答する時↓「**～として描いている**」にする

問二 ―――部「あの時も今度も同じことを言ったじゃないか、と**僕《ぼく》は自問してみた**」とありますが、ここから筆者のどのような気持ちが読み取れますか。「自問してみた」とあることに注意して、できるだけ自分のことばでわかりやすく説明しなさい。（たて185ミリメートル・横10ミリメートル×3行）

→

【非要約型記述式問題】

設問に―――線（傍線部の内容）がある場合は、主語・述語（太字の部分）に注意する必要がありますので、〇印で囲みます。その他の重要部分には線を引きます。

設問の条件は
（何を答えるべか）

・「あの時も今度も同じことを言ったじゃないか」と自問した筆者の気持ち
・できるだけ自分のことばで書く

← 答えの手がかりを探す

まずは、「犬猫病院の医者が同じことを言ったあの時（四年前）」の部分に注目します。

次に、「医者が同じことを言った今度」の部分に注目します。

（問題文アーチ②を参照）

アーチと設問の番号②を文章の上に書き込み、解答する時の材料となる文章にすべて線を引きます。

解答の材料

↓

記述するべきこと

- ディステンパーにかかり入院させた時に、医者が今度と同じような言葉で、まああきらめてもらいましょうかと言ったことを頭にうかべた。
- 医者は多分だめでしょうと言い、四年前と同じセリフをもらした。
- 四年前は回復した↓筆者の回想部分
- 今度は死んでしまった↓事実

《解答例》

四年前、鉄がディステンパーにかかって入院した時も、医者は命は助からないだろうから、あきらめてもらいましょうかと言った。

しかし、あの時はそう診断を下されたにもかかわらず鉄は回復した。

それなのにどうして今度は助からなかったのだろうと残念でやりきれない気持ち。

→

●問題文中の答えの手がかりをもとにした上で、「残念でやりきれない」など自分のことばを使って文を作成します。

●設問は、「どのような気持ちが読み取れますか」になっているので文末表現を「〜の気持ち」にして答えます。

解答したら、必ずすぐに答え合わせをします。

記述式問題の答え合わせの場合は、保護者の方がミスを確認しながらお子さまと一緒に行えば、よりいっそう学習効果が高まると思います。

答え合わせの時の手順及び注意事項

（Ⅰ）自分の記述した解答は絶対に消さずに残しておく。

（Ⅱ）必ず、間違えてしまった問題を解き直す。その時は、鉛筆を使わず青ペンを使用して書く。特に一回目に自分の記述した解答に文法的な誤りや誤字、脱字があった場合は、その点を注意して書き直す。

（Ⅲ）解き直した自分の解答と模範解答を比較して、内容をよく確認し理解していく。この段階で正解が得られなかった場合は、あとで自分の間違えた解答と模範解答を比較できるように欄外に（自分の解答の隣が好ましい）赤ペンで**模範解答をそのまま**読みやすく書いておく。

＊答え合わせの時、**「答えの手がかり」が正確につかめていたかどうか**をしっかりチェックしてください。正解だったか否かということや点数にこだわるのではなく、模範解答をよく読み、また書くことによって、その文章の組み立て方や、必要であった記述のポイントをしっかり習得してください。

＊「記述式問題」では、**必要なポイントがすべて含まれており、誤字、脱字、文法的なミスがなく書かれていれば満点**です。
覚えておきましょう！

◎**すべての学習が終了したら、その日のうちに学習した問題文を3回読み直す、ということを必ず実行してください。**

「長文読解問題」における解法の説明は以上です。

本書で示した「答えや答えの手がかりを**探す技術**」は、あくまで「文章を正しく読む」ということを前提にしています。

ですから、設問を先に読んでから問題文を読むという手法は使っていません。確かに記述中心に出題する上位校などは、設問数が非常に少なく、先に設問に目を通してから問題文を読んだ方が手っ取り早い感じがするかもしれません。

しかし、一読で文章の大意をつかむ力がつけば問題文を読んでから設問に目を通しても充分に時間内に解けますし、より確実に答えのヒントを探り当てられます。

特に記述式の難問になると、答えの手がかりは問題文のあちこちに複数分散しており、小手先の「読み方」では対応できません。ぜひ、「速く正しく読み、その内容をきちんと頭の中で復元できる力」を本書の『「ジャンル別問題文の読み方」テクニック』のページを参照して習得してください。

テキストや問題集の文章に飽きてしまったら、ちょっとそこから離れて他の本で同じように「要点を捉《とら》える練習」をしても面白いでしょう。中学入試問題では、産業の発達と自然破壊についての「環境問題」や衣食住やコミュニケーションをテーマにした「比較文化論」が説明文や論説文において多く出題されています。

また、物語文では、主人公が自分自身を見つめたり他者への理解を深めたりといった精神的な成長を遂げるような心情の変化を描いたものが多く見受けられます。

こういった出題傾向に則していろいろな文章に触れておくことは有効な国語の入試対策になります。自分の興味の範疇《はんちゅう》にない本も敬遠せずに、本書の方法で大意を捉《とら》えることにトライしてみてください。内容が理解できるようになれば読むこと自体が楽しくなってきます。

そして、これまでに解説したことを活用して、できるだけ**毎日**読解に取り組んでください。時間的余裕がなければ短い時間でもかまいません。長時間の集中が難しいと思われる日は、たった一問の設問に取り組むだけでもいいです。肝心なことは、**毎日**学習することです。

一日一日の継続こそ揺るぎない強い力になります。

おわりに

本書では、国語の長文読解の「解法」というものにスポットを当て、高得点を稼ぐためのノウハウを、学習指導をしてきた私の経験を踏まえて書きました。

本書をお読みいただいた方はもうおわかりかと思いますが、「読解」の根幹にある重要なことは、「文章を正しく読む」「情報を的確に処理する」「情報をもとに自分の考えを書く」ということに尽きるのです。そして、この3つは、中学受験に限らず高校、大学入試の国語にも共通していることです。また、これは、受験に成功したその先に、お子さまがどんな分野の学問に進もうと、さらにどんな職業に就くことになろうと絶対に必要になってくることでもあります。ですから、国語の読解の訓練をすることは、さらにその先の「お子さまの人生を豊かにしてくれる糧」になると信じています。

お子さまの可能性は法学や哲学、医学や数学、あるいは芸術の分野に向けられているかもしれません。しかし、どのフィールドで自分を磨こうと、様々な専門書や原文を読み、知識を噛み砕き、それを飲み込んで自分の滋養にするということは絶対に必要になります。その時、「文章を読み、的確に情報を吸収する」という力がどれほど役に立つでしょうか。あるいは、「習得した情報をもとに、さらに自分の考えを文章化する」という力が社会に出てからどれほど役に立つでしょう。

国語の読解の能力を培っておけば、他国の言葉を学ぶ際にも学習効率は上がります。例えば、本書でご紹介した方法は「英検」や「TOEIC」のReading Section に対処する時にも活用できます。具体的には、問題文に目を走らせて「どこに何が書いてあるのか」を捉《とら》え、「設問に対する答えの手がかりを探して答えを導き出す」という一連の流れは正に本書で示した読解方法と共通した作業になります。

自国の言葉を学び、そしてその文章を正しく読み解くというのは様々な可能性を約束してくれるものなのだと思います。

しかしながら、これは一朝一夕に獲得できるものではありません。

毎日、読解問題に取り組むことも大事ですし、学習した文章の中に出てきた語彙《ごい》などをその都度きちんと知識として取り入れていくといった努力も必須です。特に文章を読み、記述する際には語彙《ごい》力をより多く身につけた者が有利になります。つまり、たくさんの良質な食材を持っていたほうが美味しい料理が作れるのといっしょです。「新しい漢字や言葉や表現の学習は、どんなに先取りしても弊害はない」というのは私の持論です。「勉強する」のではなく、その言葉を覚えたら日常の中で「自然に使う」というのが理想的だと思います。

親子でその日覚えた言葉を取り入れて会話を楽しんだり、短いメモ書き程度の手紙（長くきちんと書こうとすると続きません）の交換で遊んでも面白いです。ある意味、中学受験は親が子どもの学習に関わり合える最後のチャンスですので、様々に工夫を凝らしながら言葉を楽しんでほしいと思います。そうやって身についた知識は忘れにくいし、言葉を生きたものとして活用できて初めて自分のものになります。

多くのお子さま方が、こうしてコツコツ積み重ねて手に入れた知識と本書で得た読解テクニックを武器に思う存分受験を制覇し、将来輝かしい活躍をしてくれることを祈ってやみません。

本書が皆さまの一助となることを心より願っております。

早瀬　律子

著者プロフィール

早瀬　律子（はやせ　りつこ）

国語を中心とした受験専門教師、受験カウンセラー、セミナー講師。プライムミッションゼミ代表。早稲田大学大学院アジア太平洋研究科修了（国際関係学専攻）。徹底した入試対策指導で、東京の「御三家」や早慶などを中心にした第一志望校の合格率は毎年95%以上。自らも母親として受験を乗り越えた経験を持ち、子どもの学習面・健康面・精神面のサポート方法をはじめ、母親のメンタル・ケアを含めたトータルな受験対策カウンセラーとしても高い人気を得ている。毎月開催している"母親自身が入試国語の解法を学べる"「お母さま塾　国語の読解必勝セミナー」が好評である。

▼ホームページ

プライムミッションゼミ：http://e-ritsuko.com/

「お母さま塾」セミナー：http://ritsukoseminar.com/

▼著書

『＜中学入試＞国語の読解は「答え探しの技」で勝つ！』『中学入試を制する国語の「読みテク」トレーニング』シリーズ3冊（「説明文・論説文」「物語文」「随筆文」）、『高校入試を制する国語「選択問題」の解き方の基本』『受験生を持つ母親のメンタル整理術』

〈中学入試〉国語の読解は「答え探しの技《ワザ》」で勝つ！

国語を味方の教科にして受験を制覇しよう！

2008年４月15日　初版第１刷発行

2018年３月30日　初版第18刷発行

著　者　早瀬　律子

発行者　瓜谷　綱延

発行所　株式会社文芸社

〒160-0022　東京都新宿区新宿1-10-1

電話　03-5369-3060（代表）

03-5369-2299（販売）

印刷所　株式会社エーヴィスシステムズ

ISBN978-4-286-04698-3